∞ 神《かみ》人《ひと》縁《えん》 ∞

「心の辞書」みたいな本

PREMIUM edition

【文】彩木智都世［さいき ちとせ］

ポエムピース

1

神人縁 ＝「心の辞書」みたいな本・・・ギフトのような（絵）本

【目　次】

神人縁・結カード＝解放、統合、感謝カード（各々の3パターンと3段階に導かれる）

まえがき・この出会いに感謝

「唯一無二のあなた」と「唯一無二のこの本」との出会いは、「偶然」ではなく「必然」です。

今、この「完璧なタイミング」で出会えている「ご縁」に、とても「感謝」しています。この本を目にして、手にとって頂いたところから、「ご縁」はしっかりと「繋がって」います。

もしかしたら、これから「長いつきあい」になるのかもしれません。「親友」のような＝【鏡のような存在】に、なっていくことになると思います。

このカード本は、あなたの【心の「光と闇」を魅せてくれるもの】＝「本心を引き出すもの」とお考え頂くと、より「身近な存在」になると思います。

【自分の「本心に語らせる」ためのヒント】が「潜んで」います。

自分の「心の動き」、「感情の流れ」を、ぜひ、観察してみてください。最初は動かなかったものも、「どんどん動き出す」ことになると思います。心の奥にしまい込んだものや、観なくしていることも、浮上してくるかもしれません。

自身の「心の流れを信頼」して、感じきってみると、「自ずと解放」へと導かれていきます。
その先に、必ず「より善い展開」が待っています。全貌がみえるまでは、不安なものですが・・・
【すべてうまくいく流れ】を、遠慮なく、「心から信じて（信頼して）」みて下さい。

この本は、「自分の分身」になるくらいの「高いエネルギー」を秘めています。
すぐには実感できない方も、やがて【深い理解や心の解放】へと導かれるでしょう。

この［カード］と［本］から「シンクロ（＝共時性）」を感じると、
自分の「命そのもの」も、引き寄せている「ヒトモノコト」達も、全てが・・・
とても【神秘的で精神的】なものだと「実感できる」と思います。
【直感（直観）や感受性（創造性）を鍛える】こともできるので
自由に「思いのまま」楽しんで、ご活用くださいませ。

さらに、【覚醒＆昇華】が「何度も起きてくる」ので
ワクワクしながら「その先のステージ」へと進めます。
どんどん「新しい自分」を、迎え入れていって下さい。

【著者】
彩木 智都世（さいき ちとせ）
彩り＋生命の木＋智慧＋都＋世界

office. One. Five. Many・代表
象徴セラピー協会・代表

直感クリエイター（デザイン、イラスト、アート）

ヒーリング・アーティスト ／ ハート・アート・カウンセラー
各種カード・リーディング（タロット、マナ、クリスタル等）
「ザ・メタ・シークレット」公認シニアカードリーダー ＆ カードデザイン

神人縁 ＝「心の辞書」みたいな本…ギフトのような（絵）本【心と脳を「そっと」「ぎゅっと」刺激する本】

神と人と縁の関係…内なる神（＝真実の自分）と人（＝幻実の自分）との「ご縁」はいつも結ばれている

神＝人＝縁

↑↑↑↑

上＝等＝円

↑↑↑↑

神様＋人様＋お互い様

すぐにご縁が繋がり結ばれる

円（縁の中）の「地球」にいること

紙＝一＝重

神＋人＋縁

★気が向く時に気が向くページを、直感（直観）で、観たり、読んだり、【何も考えない】で、ただ「感じるまま、心を解放」していって下さい。

★それだけで、【神聖な自分（＝真実の自分、本当の自分）】を、「呼び覚ます力」が現れます↓「循環エネルギー」も働き始めます。

★独特な「詩」や暗号みたいな「単語」も、ただ流すように観て下さい。

★「心も脳も全開になる」と「浸透＆内観（内省）」できていきます。

＝【セルフセラピーが「勝手にできている」本】になっていきます。

★さらに、「色んな思い」がめぐってきたら、そのまま感じ入ってみて、「今の自分の状態」や「陥りがちなパターン」にも気づきましょう。

★「紙一重なこと」に気づいて、意識を変えながら、全てを手放せると、【すべてがうまくいく流れ】を「スムーズに創り出して」いけます。

鏡のような存在
←か・が・み
←が（我）を取る＝かみ（神）

秘められているもの
←隠されているもの
←眠っているもの

紐を解いてみよう
←探り当ててみよう
←彫り起してみよう

神人縁・結カードを引いて
素敵連鎖と覚醒祭にしよう

カードの言葉や絵から ♪
気になる文や情景から ♬

直感を働かせてみよう ↗
連想で導かれてみよう ↗
瞑想に閃かれてみよう ↗

鏡の様に魅せてもらう ⇆
今の様を讃えてもらう ↑
その先に繋げてもらう ↗

今の完璧さが解ること ＊
今の純真さに成ること ★
今の心強さを得ること ※

今の神聖さが有ること ☆

神人 ＝ 善悪 ＝ 天地
↓ ↓ ↓
和合 ＝ 統合 ＝ 融合
↓ ↓ ↓
神性 ＝ 善性 ＝ 天性

好嫌 ＝ 多少 ＝ 有無
↓ ↓ ↓
感情 ＝ 感覚 ＝ 感受
↓ ↓ ↓
人間 ＝ 隙間 ＝ 空間

男女 ＝ 相違 ＝ 光闇
↓ ↓ ↓
親和 ＝ 調和 ＝ 平和
↓ ↓ ↓
良縁 ＝ 良好 ＝ 良結

天からの贈り物を感じること…与えられている「恩恵」に気づいていくこと

私達は、生まれながらにして、たくさんの「豊かさ」や「恩恵」を、充分に受け取っています。愛、生命、才能、信頼、表現、自由、純真無垢、清らかさ、潔さ、智慧、エネルギー・・・等。

既に、自分の中に、全部、揃っていて、間違いなく「完璧な状態（存在）」で、産まれています。そのことをどんどん忘れていくように、大人になります。産まれたままの【素の状態】からいろんなものを纏い《まとい》、知識や経験を増やすことで、【思い込み】と言う「制限」を創ります。さらに、常識や環境にも縛られていきます。自由であることから、どんどん遠ざかってしまいます。人はそもそも、【愛そのもの】であるにもかかわらず、世間に触れれば触れる程、「愛の裏側」の【怖れ】を抱くようになります。なぜか、「本物」から「離れて」いきます。

生きていく中で、「真逆（対極）のものを体験」していることは、この世の【幻想に気づく】為でもあり、本来の「素の自分」＝【真実の自分、本当の自分】を、「思い出せる流れ」を孕《はら》んでいます。よりはっきりと実感する為に・・・そして、その体験をしたくてしています。選んでいるのはいつも「自分」なのです。人は、自分の味わいたい感情の為に、出来事を引き起こしていると言っても過言ではないようです。「自分の思考が生みだしている現実」の出来事を観察してみてください。「自分の想いに責任を持つ」ことが大切になると思います。誰かや何かのせいにすることも、頼りきることもなくなります。依存することがなくなると、真の自分が持つ力で、すべてを解決していけます。より高い意識に成る為、より深い信頼を得る為、より善い才能を育む為、より強い愛にしていく為、揺るぎない自分（＝自尊心）を取り戻すように・・・さらに、その先の「無限の可能性に挑んでいく」為に（＝この世界で、具現化する為に）・・・何が起こっても、起こらなくても、すべてを受け容れて、「肯定し続けていく」と、そこに、「たくさんの恩恵がある」ことに気づけます。さらに【豊かな人生】になっていきます。

「一見、不幸に見える出来事」にも、【多くの恩恵（学びや導き）】が溢れて（隠れて）います。「愛」「自由」「平和」「信頼」「尊敬」「真実」等・・・必ず、潜んでいます。「表裏一体」にしてしまった、色んなものの「価値」を、【再評価できる】タイミングでもあります。

「既に持っているもの」を、ちゃんと見直す為、あえて、遠回りをしていることもあります。回りくどいくらいの方が、一周まわって３６０度確かめて、「強固な信念」にすることができるからだと思います。それが「確信」になると、未来が大きく【進化＆変容】していきます。いつも、その続きがあって、「さらなる豊かさ」が与えられます。「さらなる受容力」も試されていきます。進化するたびに、すべての【経験がグレードアップ】していくことにもなります。日々、「目覚めている（覚醒している）」と、「与えられている恩恵」にどんどん気づけます。やがて、「気づくことの習慣化」が自然になると、「人生がどんどん加速」して、「想像以上の展開」が起こってきます。吃驚するほど【しあわせ感度が上がる】ことにもなります。

多くの挫折を繰り返すことでも、視点が増えて、視界が広がって、多角的に観ることが可能になります。それもまた、深い意味があり、常に、「学びと成長の機会」を頂けている証と言えます。あらゆることが「ギフト（＝贈り物）」なんだと【気づける】ことになります。

私達が、普段、不平不満になりがちなこと、「油断して反応」しているかもしれません。実は、がっかりしている場合ではないのです。常に目覚めていないと「すべてが不幸連鎖」になり、「脱け出せないループに嵌る」ことになっているのかもしれません。過去からの意味付けや条件付けで、心を複雑にして、絡み合って解けないままにして・・・さらには、悪循環までさせてしまうことにもなっています。その状態が、まさに「真の自分を眠らせた状態」だと言えます。

常に「意識を高く持って目覚めている」と、【覚醒連鎖】がやってきます。面白い程、すべての謎解きがスムーズになり、すぐに脱出できたりもします。脱出の楽しみ方は、人各々なので、時間をかけたり、誰かと一緒に脱出することが必要な時期も、状況もあります。それも皆、「本人の望んだ流れ」を創っています。そこに気づいて、人各々の【自由も個性も尊重】していけると、「人を思いやること」にも、繋がります。不平不満を感じる事も少なくなります。

他人の言動にも、実は「恩恵を見いだす」ことは可能です。見逃すのはもったいないです。逆に、それで傷つくことも、傷つけることも、簡単にやってしまっていることに、気づけていますか？自分の「知識と経験が創り出す罠」で、いくらでも、自分を傷つけていきます。それで、相手を加害者にしてしまうのです。自分が加害者も被害者も創り出していることに気づけない為、世の中には不幸な事件がたくさん起こっています。見方を変えると「誰も何も影響していない」ことに気づけます。意識を高く持っていないと、いくらでも罠に引っかかり、どん底まで堕ちていけます。「注意深くあること」です。注意深くあるということは、疑うこととは違います。「信頼を失うと、全てを失う」ことにもなります。時には、それを痛感することも必要で、その痛みから多くのことを学びます。まずは「自分も人も信頼すること」から始めていきましょう。最初から人を疑う人も、信じ過ぎる人も、実は、騙されやすくなります。紙一重なのです。【真の信頼を与える行為】は質が違います。その質を知って、確かめてみてください。「主体性」を持って【疑うことより信頼を選ぶ姿勢】でいると、「信頼が多くのものを産んでいる」ことに気づけます。「繋がり」「広がり」「安らぎ」等を、創り出していきます。凄い力なのです。「学びと成長の機会」は、常に与えられています。今が、どんなにハッピーでも、どん底でも、必ず、「変化して進化していく流れ」の中にいます。様々な貴重な経験をさせてもらえていることに気づいて、「心から感謝できる」ことで、【真の謙虚さを得る】ことになります。すべてにおいて、【信頼の「力」は偉大】です。「信念の力」にも、同じことが言えます。

「極を知る」ことでも、【さらなる豊かさを識る】ことになります。両極の感情を広く深く観てから、「俯瞰して全体像を観られる」こととなり、全貌が明らかになります。その「豊かさの壮大さ(＝多次元に渡るものが視える程)」に、感動することになると思います。

この【神人縁】(＝「心の辞書」みたいな本)は、「内なる神と人と縁の関係」を、この世界に当たり前に働く「宇宙の法則」をベースに、「禅」や「道教」等も用いて描いています。「波動を上げる」導きになっています。「古代からの叡智」も潜ませているので、安心して読めるものです。

さらに、人も思いも地球も全て「エネルギーで出来ている」ので、【エネルギーから紐解ける】こともお伝えしています。【内なる神と人を繋げる】ことが、自然になるように、【エネルギーワーク】も盛り込んであるので、その「効果」を楽しめるものになっていると思います。

内なる神と人を繋げること

自分の「神聖さ」と繋がっていくこと／人の「善性」と繋がっていくこと

誰かだけが凄くて、誰かだけが劣っているということは、本当はありえなくて、命はすべて平等にできています。以前の私は、半信半疑でしたが、それは、視えている世界の話ではなくて、人の善性（神聖さ）というものに繋がってみると、よく理解出来ることでした。最近は納得して、心からそう思えるので、自信を持って伝えています。なぜなのかも説明しています。

毎日、瞑想することが増えて、自分自身の神聖さに繋がることも自然になってきました。自分の中の男性性と女性性のバランスがとても善い状態にあり、真の謙虚さを身につけつつあるのだと思えています。私だけではなく、本当は誰もが導かれる「既に知っている感覚」なんだということが、よく解ってきます。おかげで、かつてない幸福感の中に、いつも居られます。

深呼吸して、リラックスして、自分の「ハートを開いた状態」にして、丹田に力を集めるような感じで呼吸して、瞑想します。全ての意識と繋がり、「自分の枠が無くなる」感じがしてきます。まさに「自分の神聖さと繋がっている状態」になります。そこはもう、全知全能の世界＝神の領域に近いです。意識を上げていくだけで、本来、誰もが行ける場所なんだと思います。大人に成ると、うっかり忘れそうになる、【純真無垢の状態】にも、よく似ています。

この本では、【高次元の自分】が神の領域にいることを理解して、そこに繋がることが【最幸最善最愛最強の自分になる】近道だと伝えています。カード達もそこに導いてくれます。

【本当の自分】と繋がる

本当の自分 ＝ 自分の本質 ＝ 素の自分・・・ 無邪気で、純真無垢で、穢れを知らない、「産まれたままの自分」、そこに繋がることを意味しています。産まれてからずっと、この自分を「誰よりも近くで観てきた人」、その自分が「自分の価値を、一番、知っている人」です。そして、「一番大切に、丁寧に扱える、唯一の人」です。自分の「尊厳を護れる人」でもあります。自分（＝価値）に対して、敬意を持つことを忘れないこと ＝【真の謙虚さに繋がる】ことにも通じています。「自分という存在価値を賞賛」して、その真の信頼を、まず、自分に与えていくことです。

本当の自分 ＝ 最高善の自分、ハイヤーセルフ、神聖な自分・・・ そこに繋がれると、内側から、たくさんの愛が溢れているのを感じることができます。自分が「愛そのもの」なんだと気づくことにもなります。何もしなくても、愛のエネルギーが流れている状態 ＝ 満ち溢れた美徳の世界。人は皆、本来、愛でできていて、常に、内なる神と繋がっています。深いご縁に結ばれています。そのことを、いつも実感できます。そこには、なんの隔たりもなく、争いもなく、全てにおいて「平等」で「調和」があります。その「異なる現実」では、【最高の状態で統治】されているのが解ります。私達は、「異なる現実」の事も、いつでも思い出すことができます。

この本は、読むだけでも、観るだけでも、そんな体感をして頂けるように、創造してあります。絵も本文も、詩も、呼応して響き合うように、神秘的に描かれています。そんな部分にも、ぜひ、感じ入ってみてください。やがて、【想像以上の恩恵】に「気づける」と思います。

内なる神と人を繋げること

ヒトモノコトの「紙一重」に気づけること／それを「習慣化」していくこと

自分が何を語っているのか　自分に集中すること　丹田に力を込める
自分が何を信じているのか　自分を集結すること　自分の心を開ける

自分がどう動いているのか　独りで創り上げている現実　信念を強固にして想い通り
自分がどう起しているのか　源と繋がり続けている真実　自分を明け渡して想像以上

他人の言動をどう感じるのか　真の理解へと導かれる　高いところへ動こう
他人の噂話をどう感じるのか　真の信頼へと誘われる　深いところへ行こう

内容を分析していないか　真の自由を与えていける　辿り着くまで
内容を判断していないか　真の謙虚さを得ていける　探り当るまで

思い込みに気づくこと　常に目覚めていること　進化し続けていく
決め付けに気づくこと　共に昇華していること　変容し続けていく

主観内観からの視点　枠を外していく　どこまでも成幸する
客観達観からの視界　委ねて任せていく　どこまでも繁栄する

【気づくことの習慣化】＝内なる神との対話を「口癖」と「思い癖」に

★「日々、新鮮に、再誕生」しているので、「毎瞬、新しい感動」を得ている。「あらゆる尊い命に感謝」している。

★先入観や前提を無くして、「制限のない自由な思考」でいるので、すべてに「無限の可能性」を与えられる。

★何十兆個という膨大な数の細胞が、いつも、自分の為だけに働いてくれている。「すごい数の味方」がいる。

★何が起こっても起こらなくても、すべては「今の完璧さ」の中にある。すべての「個性と自由を尊重」できる。

★目の前の人が、自分の「今」を、教え導いてくれている。鏡のように、魅せてくれている「投影」に気づける。

★目の前の人に感じること＝「自分に向ける言葉」であることが多い。皆、自分の「鏡の存在に反応」している。

★「自分の感受性に責任を持つ」と、人も環境も故意に影響させる必要がないと解る。誰も何も悪くない。

★自分の「意志や選択に責任を持って」いるので、言動も性格も人生も、自信を持って「素直に表現」できる。

★あちこちに「溢れている恩恵」に、敏感に繊細に、その「豊かさに気づく力」がある。いつも感謝できている。

★「人の善性」に繋がって、寄り添って、双方の「本気本物本質」を引き出している。「相乗効果」を楽しめる。

★すべての存在に「愛と感謝」を惜しみなく与えて、尊敬されることよりも、「尊敬することを選んで」いる。

★「真の謙虚さ」を身につけて「偉大な流れ」に身を任せる。エゴや野心の無い状態で「高見」「深見」を目指す。

★「信頼を失うとすべてを失う」から、「疑いを無くして」いる。先ずは自分から、「真の信頼を与えて」いる。

★「感情&潜在意識のクリーニング」と「書き換え」がいつもできている。クリーン。アイラブユー。サンキュー。

★「分析や判断をしない」と進化や成長が加速する。「心と脳を全開」にして大きなものに明け渡している。

★自分の真ん中に力を集めて、「最高(最幸)最善最愛最強」でいる。自分を満たして、「愛そのもの」でいる。

セ　ル　フ　セ　ラ　ピ　ー
SYMBOL THERAPY ORIGINAL

∞

～セルフセラピーのススメ～

＋

～カード・リーディングの役割～

＋

エネルギーワークの相乗効果

∞

～ セルフセラピー のススメ ～

・・・ヒトモノコトへの「依存から解放」されて、自分の「人生に責任を持てる」ようになる・・・

＋

～ なぜカード・リーディングがオススメなのか？ ～

・・・ 絵や文字から、創造力をかき立てられて、「心と脳がオープンに」なっていく ・・・
・・・ 自分なりの答えや「気づきを見つける力」がつく（→直感や感受性も鍛えられる）・・・

＋

～ エネルギーワークを組み合わせる意味 ～

・・・「直感や創造性を鍛えながら エネルギー に 働きかける」と、効果が速く&高くなる・・・

～ ヒトモノコトへの【 依存 から 解放 】される ～
～【 自分 の 人生 に 責任 を 持てる 】ようになる ～

セルフセラピー
SYMBOL THERAPY ORIGINAL

セルフセラピーのススメ

・・・こんなかたに・・・
自意識が過剰に作用
（世間からの情報過多）
過去が再生される
→現実の虚弱化

・・・怖れをなくして【愛】にできる・・・

・・・こんなかたに・・・
心も脳も使い過ぎ
（気を使い過ぎて空回り）
やり過ぎて報われない
→被害妄想の激化

∞

～ セルフセラピー の ススメ ～

・・・この状態があたりまえになっていて、「気づけない」ことがある・・・

★「セルフセラピー」が【必要な時】★

疲労・傷心・失敗・落胆・元気がない・不安定
自信がない・自分が嫌い・人間不信・不平不満
人の目が気になる（自意識過剰・緊張）
誰かや何かの為に尽す（自己犠牲・消耗）
報われない気持ち（被害者意識・利己主義）
嫌悪感・違和感・不快感・倦怠感・閉塞感
罪悪感・無力感・無意味感・無価値感 など
怖れ・乱れ・固執・傲慢・制限・過剰・依存
裁き・疑惑・幻想・迷走・優越感・劣等感
苦悩・挫折・病弱・悲哀・孤独・喪失・嘘・偽り
無気力・無感動（無関心）・無責任 など

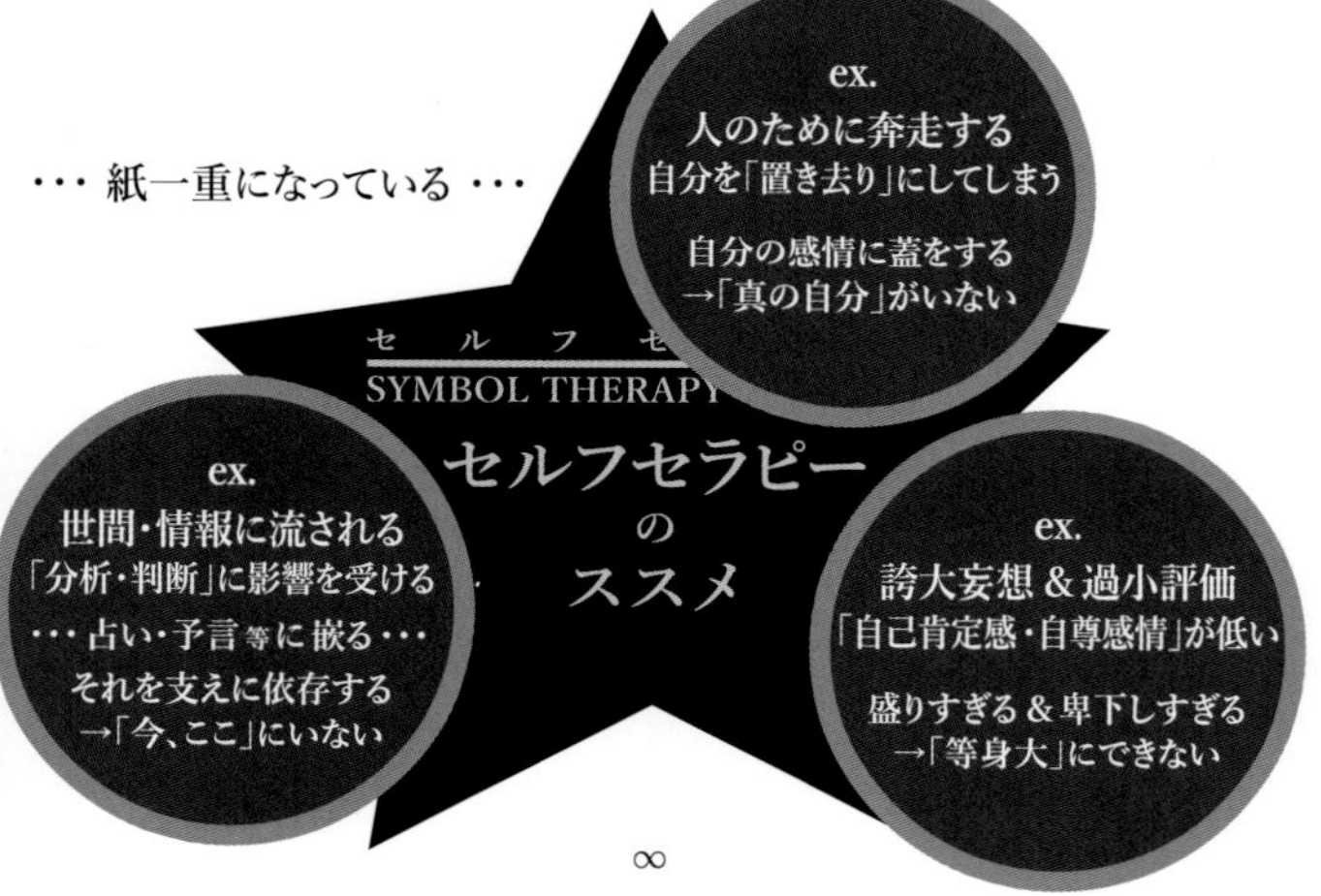
・・・紙一重になっている・・・
ex.
人のために奔走する
自分を「置き去り」にしてしまう
自分の感情に蓋をする
→「真の自分」がいない
SYMBOL THERAPY
セルフセラピー
の
ススメ
ex.
世間・情報に流される
「分析・判断」に影響を受ける
・・・占い・予言等に嵌る・・・
それを支えに依存する
→「今、ここ」にいない
ex.
誇大妄想＆過小評価
「自己肯定感・自尊感情」が低い
盛りすぎる＆卑下しすぎる
→「等身大」にできない
∞

〜セルフセラピーのススメ〜

・・・人に頼らず、自分で癒すと、【覚悟＆納得】しながら調えられる・・・

★「セルフセラピー」が【必要な理由】★

ヒトモノコトに頼り過ぎる（＝依存・分離）
ヒトモノコトを信じ過ぎる（＝期待・観念）
ヒトモノコトに騙される（＝不信・疑惑）
ヒトモノコトに奪われる（＝自責・自傷）

・・信頼のつもりが、「依存」になる
・・頭で「注意」して、心で「油断」している

＝人生に【責任と自信が持てない】状態
＝常に【分析・判断・法則】に依る状態
↓「真の自分の人生を創り出せない」状態
↓「真の選択＆決断ができない」状態

誰かや何かに「委ね続ける」（誰かのせいにする）
自分や他人から「逃避する」（環境のせいにする）

・・・ 自分をパワースポットにできる ・・・

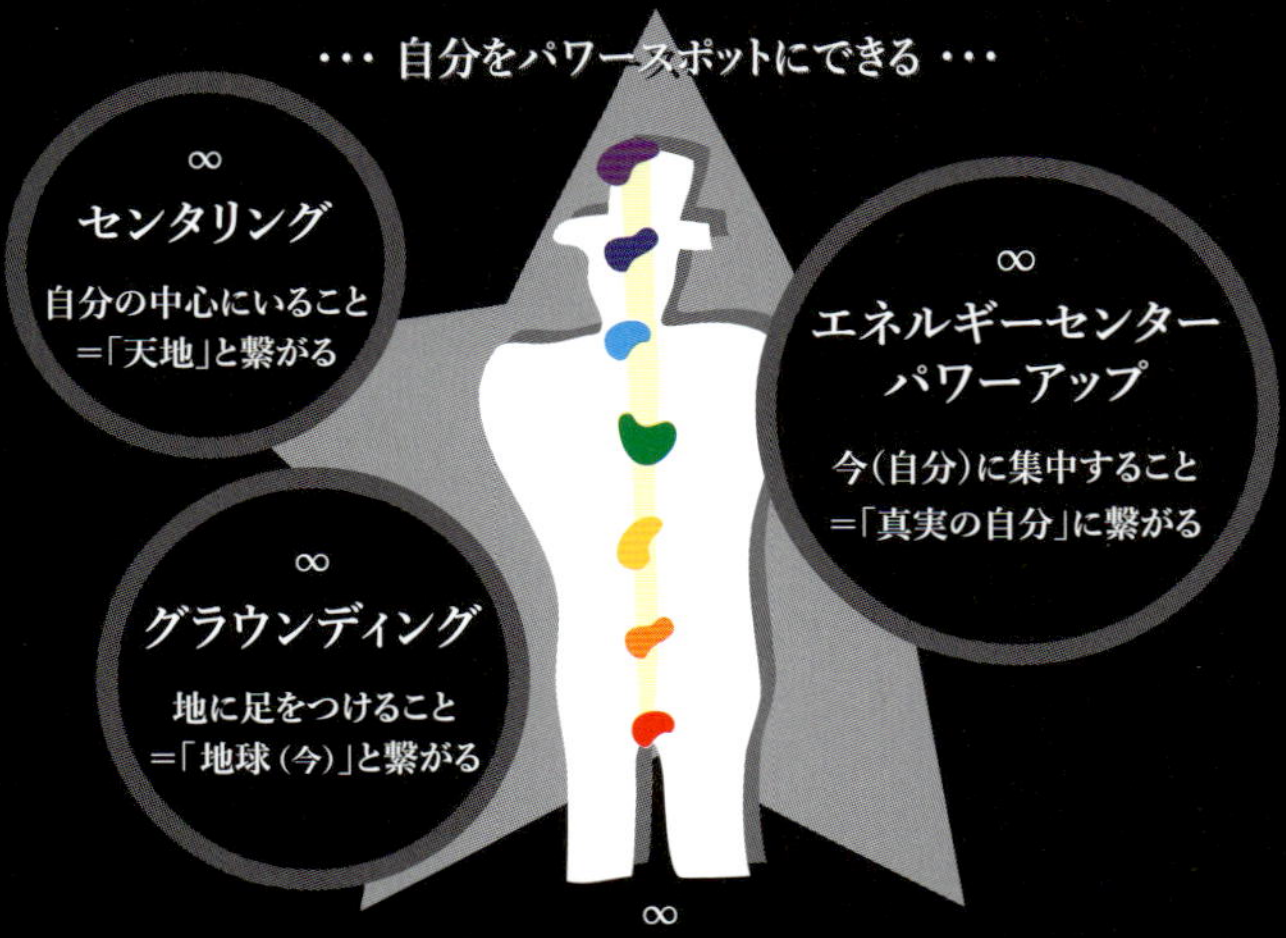
∞
センタリング
自分の中心にいること
=「天地」と繋がる
∞
エネルギーセンター
パワーアップ
今（自分）に集中すること
=「真実の自分」に繋がる
∞
グラウンディング
地に足をつけること
=「地球（今）」と繋がる
∞

～ セ ル フ セ ラ ピ ー の ス ス メ ～

・・・ まずは、簡単に、身体をほぐして、【心の解放を体感】してみる ・・・

★今すぐ「簡単セルフセラピー」★

～どれでもいいから、今、できることをやってみる～

深呼吸・リラックス（＝力を抜く）

散歩・体操・運動（＝体の「緊張」を解く）

目を瞑る・瞑想・睡眠（＝内観・啓示）

手を洗う・掃除・断捨離（＝動く瞑想）

趣味・遊び・旅行（＝夢中・楽観・創造）

↓

【今（自分）に集中】＝呼吸に集中

↓

身体の細部の動きや「感覚」を確かめる

「五感」を研ぎ澄ます【無・空】を創る

↓

「自分の気持ち」を切り替える（＝刷新）

↓

自分で「自分の心」を癒せる（＝調和・平和）

∞

幸せ感度の上昇

SYMBOL THERAPY ORIGINAL《セルフセラピー》

セルフセラピーのススメ

∞

依存からの解放

∞

～セルフセラピーのススメ～

・・・【自分の人生に「責任」と自信】を持って、生きられる・・・

★「セルフセラピー」が与えてくれるもの★

～ありのままでいい～ことに気づける（＝承認できる）

【自分が自分である】ことに【誇り（価値）】を感じる

【今、自分に集中】できる（＝自分自身を「心底」愛せる）

【愛と感謝と笑い】が増える（＝「安心・信頼」が増える）

誰にも何にも気を使わなくていい（＝「私は私」、人は人）

無理も我慢も遠慮もいらない（＝「楽に」していられる）

油断も妥協もしなくていい（＝「自由に」思うままでいい）

今、思うことを【肯定】し続けて前に進める（受容、許容）

考えないで「感じる」＝【分析も判断もしない生き方】になる

∞
カードを知る
意味がある

∞
カードを解く
価値がある

セルフセラピー
SYMBOL THERAPY ORIGINAL

なぜ、カード・リーディングがオススメなのか？

【カード・リーディングの役割】

∞
カードを引く
必然がある

∞
カードを読む
理由がある

∞

〜カード・リーディングのススメ〜

・・・観るだけで【癒される（安心できる）エネルギー】になっている・・・

★「カード・リーディング」の可能性★

直感（直観）を刺激する「絵柄＆言葉」

絵、カタチ、色、文字、数、単語、意味、内容・・・

「今のタイミング」で「目に入ってくるもの」を

【自分で選択】して、【自由な解釈】にできる

【何でもあり】で、【自分都合】で読み解ける

自分の中に【自分だけの答え】が「降臨」する

何を「感じる」のか＝それが「答え」になる

【自分の感情と人生】は、【自分だけのもの】

〜鏡のような存在〜になることに「気づける」

・・・カードは【今の自分の分身】になっている・・・

∞
カードを識る
「意味」がある

∞
カードを説く
「価値」がある

SYMBOL THERAPY ORIGINAL《セルフセラピー》

なぜ、カード・リーディングが
オススメなのか？

・・・心 と 脳 で、転じて、遊ばせて、軽やかにして、「 解 放 」に していく・・・

∞
カードを惹く
「必然」がある

∞
カードを訓む
「理由」がある

・・・カードと会話できるくらい、仲良くなれる・・・

【問題解決】が「自分との対話」で出来る
「学び」と「気づき」の連続になり、【覚醒連鎖】が起こる

〜 もう、余計なことを考えることが、無くなる 〜

セルフセラピー
SYMBOL THERAPY ORIGINAL

なぜ、カード・リーディングがオススメなのか?

∞
真実の自分に還れる

∞
無意識からのお知らせ

∞
自己肯定感が高まる

∞
今の自分の投影（鏡）

∞
直感（直観）が鍛えられる

・・・ すべての唯一無二の存在（解釈）に「価値」を与えていける ・・・

∞
シンクロが起こりやすい

∞
宇宙の法則
深い叡智

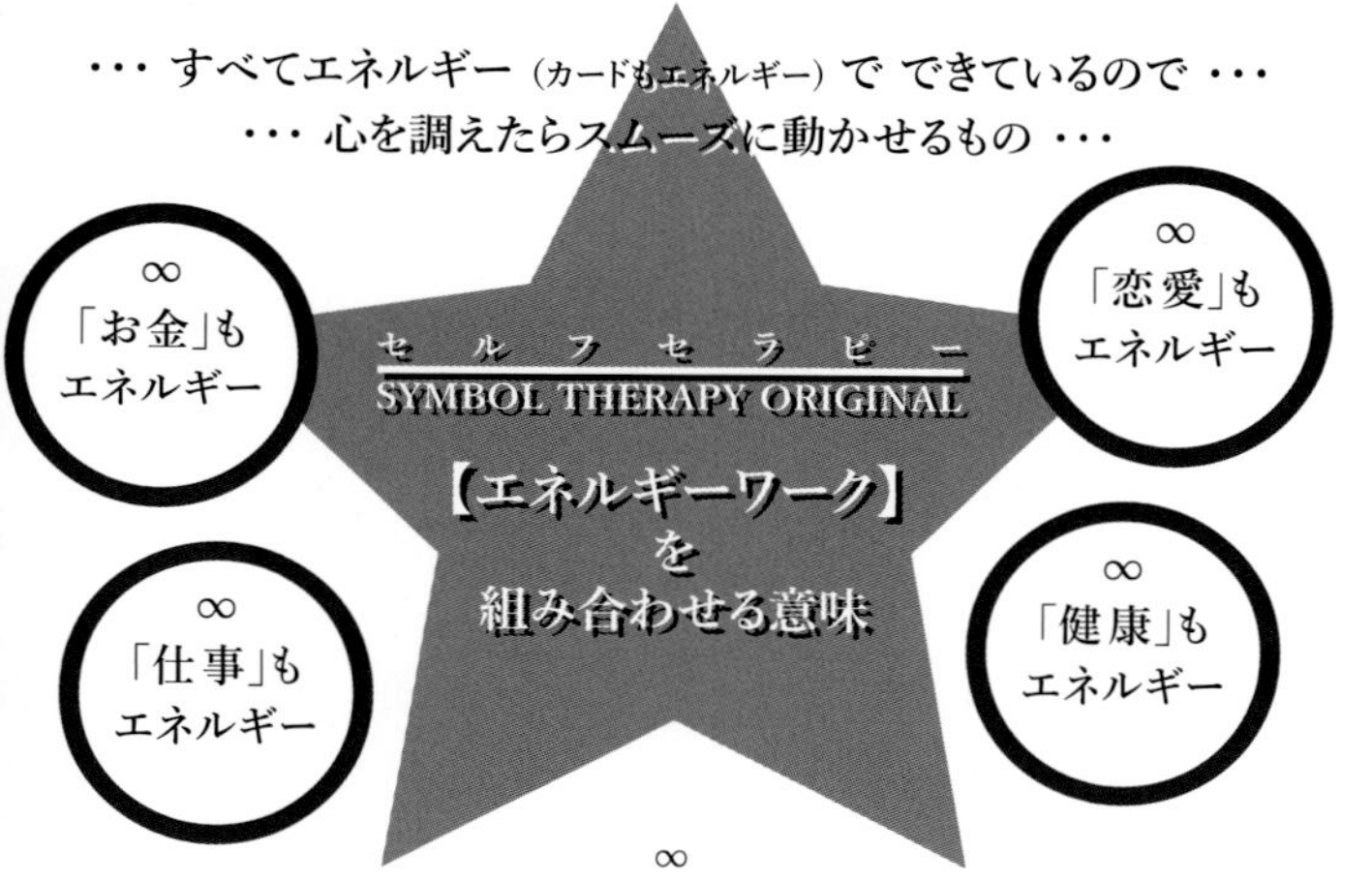
・・・ すべてエネルギー（カードもエネルギー）で できているので ・・・
・・・ 心を調えたらスムーズに動かせるもの ・・・
∞
「お金」も
エネルギー
∞
「恋愛」も
エネルギー
セルフセラピー
SYMBOL THERAPY ORIGINAL
【エネルギーワーク】
を
組み合わせる意味
∞
「仕事」も
エネルギー
∞
「健康」も
エネルギー
∞

〜エネルギーワークの相乗効果〜

・・・直感を鍛える→エネルギーに働きかける→「効果が速い&高い」・・・

★「エネルギーワーク」の相乗効果★

心も脳も身体も全開（＝リラックス）して
「エネルギーの世界」に働きかけていけると
現実に、より善く作用して、「想像以上」になる

【＋カード・リーディング＋効果】
直感が鍛えられる・「純粋な創造性」が開く
気づきや学び・「覚醒 や 変容」が起こる

【＋エネルギーワーク＋相乗効果】
難しくしていたこと→「簡単に」できる
重くしていたこと→「軽やかに」できる
複雑にしていたこと→「シンプルに」できる
無意識や自意識の解放→「純真無垢」になる
潜在意識の書き換え→【神聖さ】が閃く

∞

神聖な自分と
繋がりやすくなる

∞

浄化や治癒が
しやすい

∞

次元上昇が
起こりやすい

SYMBOL THERAPY ORIGINAL《セルフセラピー》

【エネルギーの世界】
が「身近になる」と
生命の「輝き」が増す

∞

想像以上の
展開になる

∞

波動や意識が
高まる

・・・「本気本物本質」から【全知全能】にまで、「意識が拡大」していく・・

∞

すべての循環が
スムーズになる

∞

以心伝心が
早くなる

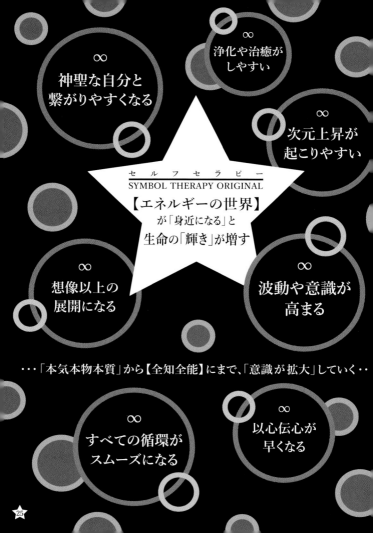

〜神人縁・結カードを使う勇気〜

このカードは、36枚で構成されています。

前半の8種類は、同じ絵柄の白と黒の部分が反転された、16枚で構成されています。

例→「愛」と「怖れ」は、【表裏一体】のものです。「愛」の裏には「怖れ」があります。


「怖れ」がある時、「愛」を忘れていたり、隠したり、観ないようにしている可能性があります。

でも、ちゃんとそこに存在しています。裏側に潜んでいます。「愛」にも、同じことが言えます。


どれも【紙一重】の関係になっています。陰陽（魚）太極図のマークを思い浮かべてください。

陰にも陽にも、それぞれが「内在」していて、とても「調和のとれた美しい形」に成っています。


どちらも存在していることが、豊かさであると気づけるようになると思います。両極を考えると、幅の広さや天地の距離が視えてきます。その長さや距離が大きい人も小さい人もいると思います。それが大きければ大きいほど、豊かであると言えることもあるかもしれませんが、狭くても細くても小さくても、濃厚に、濃密に、繊細に、感じられる人もちゃんといます。同じ秤（はかり）では、測れないものです。人各々の視界や感情なので、手にとって観ることができません。本来、判断のできないものです。喜怒哀楽も同じです。様々な感情が呼応していて、さらなる豊かさを与えてくれています。本当は、すべてにおいて、他人が分析も判断もできないものだと気づけることが、究極の進化なのです。このカード本には、このような心の進化を説いた内容が、随所に入っています。今のリアルな心で見つけてください。ちゃんと、感じてみてください。「心の【豊かさ】に繋がること」が増えていくと思います。

続いて、後半には、20枚の神人縁・結カードの【統合、解放、感謝に導くカード】達が、います。このカード達は、先に表裏一体カードから学んだことを、あえて、解き放つメソッドが入っています。全てをぎゅーっと握りしめた後、ぱぁーっと手放して、天にむけて明け渡すように導かれていきます。そのエネルギーワークも盛り込んであります。各々のカードに描かれている絵や本文や詩に解放を感じて、依存することなく、大きなものに委ね任せていってください。それを「自分に許していく流れ」になると、「自分の意志」で進んでいけます。

余計な力がとれていきます。自分のど真ん中に、「今の最高の力」を集めることができます。「今が一番幸せ」だと、心の底から思えることを信じてください。その勇気を持って、このカード&本に向き合ってください。信じてもらえると、このカード達は、想像以上の力を発揮します。ご主人様の為に、「無償の愛」を与えてくれます。尊い命（全てのヒトモノコト）は価値を与えると、その智慧や才能を発揮します。惜しみなく与えてくれます。期待以上の志事をしてくれることになります。【今の最高（最幸）の状態を創れる】と、さらに【最高（最幸）の状態が引き寄せ】られていきます。ぜひ、そのチカラを試して、実感してみてください。

～神人縁・結カードの使い方～

カードを引いて、「素敵連鎖満載な流れ」を起こす

★準備★まずは、深呼吸する（お腹の真ん中に両手を当てながら、鼻で呼吸）＝6つ数えながら、息を吸う→6つ数えながら、息をとめる→6つ数えながら、息を吐く

【シンプルパターン】

カードをシャッフル（1を参照）して、一枚引く↓絵を観て自由に反応（この色が気になる、この形は何？等）↓カードの意味や内容を読む↓思い浮かんだことやその感情を感じきる（嬉しい、悲しい、面白い、このフレーズが気になる、等）↓今の自分へのお知らせに気づく（本当はどうしたいのか？）↓次のビジョン（＝今から描く夢など）に繋げてみる

【王道パターン】

1 カードをシャッフル（心の中で「アイラブユー」を4回、「サンキュー」を4回、唱える）

2 カードを一枚引く↓「直感」で、「好き」なところから、一枚引く

3 カードの絵と説明文を観る↓「気になる」内容、「浮かんできた」言葉などをメモする

4 エネルギーワークをする↓「今の自分の問題解決ができた」と言ってみる（信じてみる）

【＋α パターン】1～4の行程＋5（5だけを、【シンプルパターン】としても可）

5 カードをシャッフル（1を参照）した後、一番上と一番下のカードを観る（全体の表と裏のカード）↓絵と文章から、今の自分を感じ取り、エネルギーワークで手放してみる

今、何か、うまくいかないことがありますか？ 問題や悩みがありますか？ カードにその解決のヒントを尋ねてみてください。目に飛び込んでくる言葉、フレーズ、色、形など、無意識からお知らせがきます。そこに明確な応えがなくても、自分の直感を信じて結論を導き出してみてください。すぐにはできなくても、繰り返すうちに直感が働きやすくなります。

今、迷っていることがありますか？ 決められないで、悶々としていたりしますか？ 迷いを無くしたい時も助けてもらいましょう。潜在意識の書き換えもしちゃいましょう。紙に今の「ネガティブな考え」を書いて、その上に、太字で「反対の意味に書き換え」してみましょう。

今、強い想いに縛られていませんか？ 悲しい、苦しい、悔しい、どうして？ また？ と思っていませんか？ ネガティブな想いはもちろん、実はポジティブな想い（＝嬉しい、楽しい、大好き）が度を超えている時も、「紙一重」だったりします。「偏りを解放できる方法」を、尋ねてみて下さい。自分の中心に力を集める状態（直感が冴える状態）も、意識的に創り出してみて下さい。

今、何かに抵抗していませんか？ 気が進まない、誰かや何かの動きが許せない、あのニュースに腹がたつ 等、世間や常識に過敏に反応していること、よく思い出してみてください。意外と沢山あると思います。そんなときも、その一つ一つに、解決のヒントを与えてくれます。抵抗するものは蔓延（はびこ）ります。何度となくそういうものを、引き寄せているのです。抵抗を外していくと、色んなものが晴れていきます。過去や何かや誰かと比べることも、必要なくなります。そんなヒントを、カードから受け取ってみてください。何度も試して、カードと仲良くなると、「導きがスムーズ」になります。「心の底からの解放」に導かれます。

自分の中心に力を集めるように36枚のカードに導かれる

神人縁・結カード＝紙一重の世界

（極性［＝両極］に感じ入る → 【神聖な叡智に繋がる】表裏一体カード）

1 愛と怖れ　LOVE / FEAR　32 33
2 自由と制限　FREEDOM / LIMIT　38 39
3 調和と乱れ　BALANCE / UNBALANCE　44 45
4 信頼と疑惑　FAITH / DOUBT　50 51
5 尊敬と軽蔑　RESPECT / CONTEMPT　56 57
6 謙遜と傲慢　HUMBLENESS / HAUGHTINESS　62 63
7 真実と幻想（光と影）　TRUTH / PHANTASM　LIGHT / SHADOW　68 69
8 優劣（好嫌）　GOOD / BAD（LIKE / DISLIKE）＝JUDGEMENT　74 75

対比するカード、どちらを引いても、多角的に観られるようになっています。陰の中に陽、陽の中に陰、どちらも含んでいて、紙一重で、必要で、愛おしい存在になるように紐解かれています。各々のワークの呼応も感じながら、どんなヒトモノコトも愛おしく思えるように・・・今、思えなくても、必ず、すべてを包容できる日がくることを信じられるように説かれています。絶大なる包容力に導かれていきます。カードをひくことは感情の扱い方に似ています。人は、常に、湧き上がる様々な感情の中から、強い感情を直感で選び取って、その感情を表現しています。カードを引く行為とリンクしているようです。

1日、何万回も思考してる人間が、瞬時に選ぶ感情は、生ものです。カードも、今だからの必然があります。同じものを次の機会に引いても、違う意識で観ることになります。新鮮に観て、感じて、今、この瞬間の自分を受け取ってください。大切に丁寧に扱えると、未来のより善い展開に繋がります。人生をより快く、より楽しくできるヒントを掴んでみてください。自分をより好く(善く)、より幸せにできるものにしてみてください。自分の意志が、自分だけの見え方や感じ方を創ります。その動きもよく観察して、意識し直すと、【今までとは違う展開】を「引き寄せる」ことになるでしょう。

神 ＝ 人 ＝ 縁
↓　 ↓　 ↓
頭 ＝ 独 ＝ 艶
↓　 ↓　 ↓
紙 ＝ 一 ＝ 重

自分の内側に全部ある
自分の源に還ると解る

目の前の人物事にお知らせがある
その導きを全てメンターにできる

人物事の善性と繋がること
自分の神聖さと繋がること

日々、学びと成長
日々、成功と繁栄

瞬時、愛と感謝があること
瞬時、笑と信頼があること

気づいていけること
満たしていけること

自他の投影のからくり
自他の溶解のみちのり

自分の責任で感受すること
今の完璧さを甘受すること

LOVE +1 FEAR

〜 愛のエネルギー 〜

LOVE＝愛／月＝女性性／太陽＝男性性／大海＝人生、包容力／対等なエネルギー＝循環するエネルギー／染色体のイメージ＝遺伝子レベルの繋がり／水面に写るお互いの姿＝引力、鏡、似て非なるもの、対比・類比・違いを賞賛、冒険、探求、自他の溶解、融合、統合／白＝光（すべての光の集合色）、輝き、生命力／黒＝闇（すべての彩の集合色）、豊かさ／ピンク＝愛、癒し、優しさ、受容、許容／ブルー＝清らかさ、潔さ、浄化、冷静な情熱／紫＝高貴なもの、奉仕、貢献、神聖／オレンジ＝快活、元気、新鮮、若さ、勢い、強化、明確／イエロー＝友情、友愛、繋がり、勇気、自信、エネルギー、パワーアップ、繁栄
【連想されるイメージ】＝男女の交わり／両性のバランス／高見、深見をみていける／超越していく流れ／潜在意識から上がってくる波（情熱、意欲、高揚）／波動が上がる／対等になる／浮上する／愛着／和解／右肩上がり／無償の愛／昇華できる／覚醒する／善い（好い）流れにのる／安心感／大きなものに任せていける／創造性の拡大／絆

LOVE ★-1 FEAR

～ 怖れのエネルギー ～

FEAR＝怖れ／月＝受動的、妄想、幻想／太陽＝能動的、燃え尽き／大海＝不安、未知、荒波／対比エネルギー＝奪い合うエネルギー、優劣のある関係／染色体のイメージ＝古い観念、負の連鎖／水面に写るお互いの姿＝投影、鏡、分析、判断、制限、違和感、執着、依存／白＝陽(すべての光の彩をとばす)、偽善、消滅／黒＝陰(すべての色を混合する)、影、悪／ピンク＝媚薬、妖艶、誘惑、罠、嫉妬／ブルー＝傷心、落胆、涙、苦悩、不運、薄情／紫＝孤立、特別扱い、乱れ、曖昧、混沌、犠牲、謎／オレンジ＝噂話、堕落、虚しさ、危機感、性欲、狂気、自暴自棄／イエロー＝脆さ、衰弱、愚者、警告、違反、罪悪感【連想されるイメージ】＝男女の問題／足を引っ張り合う／二面性／潜在意識から上がってくる波(心配、胸騒ぎ、トラウマ)／過去に縛られる／根拠の無い話／閉塞感／悪影響／消極的／分離／不安定な流れ／苦難／孤独感／束縛／好転反応／裁き／先が見えない／手を伸ばせない／悪循環になる／危惧する／責任転嫁／余計な力が入る

人生・仕事 ∞縁∞結∞

【愛に「満ちた」人生・仕事】

★愛で「満たす」人生・仕事は・・・
「余計な力を加えなくていい」
＝「適材適所を意識」して行動
↓「活かし合える」展開を創れる
★才能を「与え受け取り合う」
★今できることを「今やっている」
★「今の精一杯」の言動ができて
「高(好)評価」されている
★すべての「加減をみつけて」いて
「ほどよさ」の中で過ごせる
★常に「居場所を満たして」いる
★【大きな流れ】に身を任せて
信頼して「委ねて」いける

恋愛・結婚 ∞縁∞結∞

【愛に「満ちた」恋愛・結婚】

★愛で「満たす」恋愛・結婚は・・・
「相手のすべてを受容する力がある」
＝「敬愛を育める流れ」の中にいる
↓相手の愛も「引き上げて」いる
★いつも、「相手に感謝」を感じる
★「今、満たされている」と感じる
★「自分から与える」のが自然になる
★「出し惜しみなく」与えている
★「すぐに軽やかに」愛情表現する
★「愛する」ことに「喜び」を感じる
★【すべてうまくいっている】から
「次の行動に進むこと」がスムーズ

エネルギーワーク

【ハートの「拡大&強化」ワーク】

★「自分のハート」を「イメージ」する
紙に「自由に」「思いのままに」描く
(色付きでも切り絵でもいい)
↓そのあと、上描きするように・・・
★「大きく」描いてみる(＝膨らむ愛)
★線を「強く太く」する(＝強まる愛)
★紙の「上の方」に描く(＝上昇する愛)
★さらに、何度も、好きなように・・・
線も色も形も「どんどん重ねて」
お気に入りのハート達を描いていく
★今のままでも素敵だから(肯定する)
「上描き進化」させるイメージで
愛のシンボルを【強く逞しく】する

人生・仕事∞解∞放∞

【愛の「表裏一体」な人生・仕事】
★愛と「紙一重」な人生・仕事は
「余計な力を加えてしまう」
＝「与え過ぎる」行動になる
↓やり過ぎて「報われない」
★才能・実績を「誇大に魅せる」
★高く評価される「期待」がある
★本音と建前を「使い分ける」
★気を遣うのに「気が利かない」
★すべての「加減」が見合わない
★過ぎたるは「及ばざる」が如し
★失敗や挫折を「怖れて」いる
★自分のリズムに「荒波」があり
善い波に【乗りきれていない】

恋愛・結婚∞解∞放∞

【愛の「表裏一体」な恋愛・結婚】
★愛と「紙一重」な恋愛・結婚は
「相手のすべてを受け容れられない」
＝性愛、情愛から「進化しない」関係
↓愛を求め過ぎて「依存&執着」になる
★相手の愛を「確かめ過ぎて」いて
素直に「受け取れない」ことが多い
★「満たされない」ことを数えている
★なかなか「本心」を伝えられない
★「見返り」を「期待」して与える
★与えても「真の愛」に繋がらない
★愛し合うことに【怖れ】がある
★「すべてうまくいっている」ことを
信じられず【未来に進めない】

エネルギーワーク

【愛と怖れを「抱きしめる」ワーク】
★ピンクのペンと白い紙を2枚用意
（紙がピンクだとさらに良い）
★二枚の紙に「愛」と「怖れ」の字を
できるだけ大きく描いてみる
★各々の描いた「文字の面」を重ねて
二枚の紙を「ぴったり合わせる」
★今の「愛」と「怖れ」を感じてみる
【どちらも愛おしい】と言ってみる
★ぎゅーっと、その紙を「抱きしめる」
★「愛」も「怖れ」も両方あるから
【得られている豊かさ】に感謝する
シンボル色「癒しピンク」を受け取る

ColumN

愛の昇華…「真の愛」に満たされると、「怖いもの」は無くなる

【愛が満ち溢れている】状態
ゆらゆら大海に漕ぎ出すように
「大きなものに任せていく」流れ
月のような「女性性」
太陽のような「男性性」
「対比と類比を超えて」融合する
自分の中にも、その両方がある
一人でも「充分に満たして」いける
照らし合う＝輝かせ合う
「良質なエネルギー」で惹かれ合う
魅せ合う＝投影し合う
与えることが「自然」になっている
足元（源）から【底力】が「湧いて」くる
内側から【愛】が「溢れ出て」流れている
お互い様で思い遣れる「関わり」になる
「対等なエネルギー」でいられる

「間に産まれるものに集中」できる
お互いの「自由と個性を尊重」できる
美徳を積んだ「エネルギーが循環」する
「肯定して受け取る」ことができている
「許容&受容」し合える
【すべてを包容する】ことになる
高い意識、深い繋がり…
「高見」「深見」へと導かれていく…
「理想的な関わり」が繰り広げられる
「程よい距離」を保ちながら進められる
すべてが「好いご縁」に「結ばれて」いく
すべてが【感謝】に「繋がって」いく
「今の完璧さ（＝必然）」を「信頼」する
「真の謙虚さ」を得て【愛と尊敬】にする
「命の神聖さ」を常に感じている
【純真無垢に還っていく流れ】になる

～ありのままでいることが愛に満ちていることになる～

…自分を真の愛で満たせると…自分も相手も大切にできる／健全な自尊心を持てる／自由も個性も尊重し合う関係が増える／自由と解放を与え合えて大きな流れに委ねられる／自分の内側に集中して他はぜんぶ手放せる／愛を育む流れが常にできる／何が起こっても起こらなくても愛と信頼を与えている／すべての必然な流れや偉大な導きに信頼と敬意を抱ける／今の心地好さで満たすことが増える／今、ここにいて、素の自分として、心も身体も強い状態にできる／愛の器も、人としての器も、質も同様に、高く大きく豊かにできる／偉大な存在から感情のお知らせや閃き（＝直感など）を通して、尊い導きと想像以上の恩恵を得る／すべてを受容して許容できると最幸最善最愛最強でいられる／真実の愛は揺らぐことはない／枯渇することも途絶えることもない／すべてを超越するものになる／慈愛になる（＝アファメーションとして唱えてみてください）

愛と怖れの紙一重…「怖れ」で「愛が見え隠れ」していると、自信をなくして自他共に壊してしまう

【怖れで愛が見え隠れする】状態
ゆらゆら揺れて激しく揺れて
「動揺が隠せなくなって」いく

「似ているものも持ち合わせ」ながら
お互いに「無いものを求める」ように
照らし合う ＝ 輝かせ合う
本来は、そんな「関わり」なのに…
過剰に、魅せ合って、投影し合って、
「依存や執着」を創り出してしまう
【紙一重】や「過ぎること」がいっぱい
同じ世界が「違って視えて」いたり…
【表裏一体】で「裏目」にでていたり…
ひょいっと「裏返し」にできたら
「ぜんぶ愛でしかない」のに…
「ぜんぶ与えたい気持ち」なのに…
瞬時に【怖れ】が出てきてしまう

「弱い自分にして」しまう
「自信をなくして」しまう
やがて「自分の中心から離れて」
「地に足がつかなくなった」状態で
お相手の心にまで「浮遊して」しまう
気持ちや行動が「知りたくて」
確かな応え(愛)が「欲しくて」
もっと、「認めて」ほしくて…
もっと、「愛して」ほしくて…
直接、おしつけたりしなくても
思いの「強さ(過剰)が届いて」しまう
お相手の心の中(＝心の家)に…
「土足で上がり込む」ようなことに…
そこには「敬意が無い状態」で…
それには「気づかない」くらいで…
「強い激しい思い」に【支配されて】いく
「自分も相手も壊す」ことにもなる

自分の心の中に(怖れがあって)
乗り越えられない(＝愛で満たせない)
「課題」(＝無自覚の怖れ)がある
その【怖れ】と「真っ向から対峙」して
自分の中だけで「闘い続けて」しまうことに
「真実の相手は不在」のまま
「真実の自分も不在」のまま
それでもなんでも「心がそう言う」から
【今だからの完璧さ】もあるから…
後で【大きな気づき】にもなるから…
その「醍醐味や恩恵に気づいて」いくまで
その「過程を悔いなく楽しめる」ことを知る
感情を味わい尽すことも出し切ることも
「自分の責任」で「選び抜いている」ことを識る
【真実の愛に還る】までの「流れ」だから…
裏側の一番近いところ(＝紙一重)に
【真実の愛】は「必ずある」ものだから…
「目覚める時」も「必ずくる」ものだから…

FREEDOM +2 LIMIT

～ 自由のエネルギー ～

FREEDOM＝自由／オープン・ハート＝心と身体の解放、開放、快方／太陽＝恩恵のパワー、循環エネルギー／瞳＝透視、視界の広がり／十字架から解き放つ＝思想や知識・常識からの解放、真の自由を得る／音符＝豊かな感受性、自分のリズムを創る／五線譜＝五感総動員、意識の変容、調和、統合／白＝光（すべての光の集合色）、輝き、神聖さ／黒＝闇（すべての彩の集合色）、豊かさ／ピンク＝愛、癒し、優しさ、新しい恋／レッド＝情熱、向上心、栄光、感動／ブルー＝清らかさ、浄化、潔さ、力強さ／緑＝自然、実り、成長、進化、養生、思いやり／黄緑＝柔軟、魅力、共感、新鮮／オレンジ＝活気、若さ、勢い、生命力、繁栄、パワーアップ／イエロー＝和解、友情、遊び心、自信、軽やかさ、緩和【連想されるイメージ】＝飛躍&飛翔／高見や深見に向かう／超越／潜在意識の解放／記憶のクリーニング／制限を外す／才能が活きる／意識が拡大する／昇華する／浮遊する／善い（好い）流れに乗れる／大きな流れに任せられる／創造性&天才性が開く

FREEDOM -2 LIMIT

～ 制限のエネルギー ～

LIMIT＝制限／黒い枠のハート＝拘束、不健全、負のオーラ／太陽＝曝される、裁かれる／笑わない瞳＝考え過ぎる頭脳／十字架とのつながり＝背後に操られる、環境から縛られる／黒い音符＝古い音、過去からの響き／五線譜＝思考の停止、打算、執着、油断／白＝陽(すべての光の彩をとばす)、偽善／黒＝陰(すべての色を濁らせる)、影、悪／ピンク＝罠、誘惑、怠惰、曖昧／レッド＝血縁の悪影響、激情、怒り、災難／ブルー＝心の傷、保護、悲哀、分離／緑＝腐れ縁、節制、不安、休息／黄緑＝弱さ、儚さ、動揺、迷い／オレンジ＝自責、管理、幻想、虚像、後悔／イエロー＝幼稚さ、無神経、違反、失敗、挫折
【連想されるイメージ】＝コントロールする／変えられない／決めつけ／分析・判断しすぎる／潜在意識にあるトラウマの浮上／胸騒ぎ／逃れられない／邪魔が入る／うまくいかない／人のせいにする／自意識過剰の罠／束縛し合う／監視される／境界線をひく／枠から出ない／几帳面／真面目／嵌る／凝固する／残念／選択力・決断力の欠如

人生・仕事 ∞縁∞結∞

【自由に「満ちた」人生・仕事】

★自由で「満たす」人生・仕事は・・・
「心も脳も【全開】にして明け渡す」
＝「創造性を発揮」して行動する
→自分の「アイデアが活きる」

★「才能の開花」が目に見える
★今、輝いていて「影響力」がある
★「成長と進化」が【加速】する
★人と「一緒に昇華」していける
★今がすぐ「未来に繋がって」いく
★「瞬発力」も「行動力」も上昇する
★偉大な【宇宙の流れ】の中にいて
堂々と「自信に満ちて」いる

恋愛・結婚 ∞縁∞結∞

【自由に「満ちた」恋愛・結婚】

★自由で「満たす」恋愛・結婚は・・・
「お互いの個性や言動を【尊重】できる」
＝「絶大なる包容力」で愛し抜ける
→「すべてを受容」して「手放せる」

★心の動きを「軽やか」にしている
★いつも自然に「自分から与えて」いる
★惜しみなく「すべてを与えて」いる
★お互い「ありのままを愛して」いる
★愛し愛される「喜び」を感じている
★いつでも「自由&対等」でいられる
★【すべてうまくいっている】から
心配しないで「幸福感で満たせる」

エネルギーワーク

【自由を「無限に感じる」ワーク】

★［渦巻き］を紙に描いてみる
☆内側から描く…「可能性」がある
☆外側から描く…「枠＝制限」がある
★内側から外側に向かって
どんどん大きくなるように
［渦巻き］を描いていく
★自分には【無限の可能性がある】と
実感しながら「言葉」にもしてみる
★今からさらに「自由」になるから
責任を持って「自由」を受け取る
★その【自由な発想】を抱きしめて
宇宙に向けて「手放して」みよう

人生・仕事∞解∞放∞

【自由の「表裏一体」な人生・仕事】

★自由と「紙一重」な人生・仕事は
「自分の【拘り】を持ってしまう」
=「分析や判断」から行動する
↓自分で「納得」して行動したい
★計画を「忠実に」再現できる
★丁寧に「完璧に」仕事をする
★物事の「筋道」をたてて動ける
★「ルールや制限の中」で活きる
★「決めごとがある」と安心する
★「突発的なこと」には弱くなる
★自分の【限界を決めて】いて
「冒険や突破」が少なくなる

恋愛・結婚∞解∞放∞

【自由の「表裏一体」な恋愛・結婚】

★自由と「紙一重」な恋愛・結婚は
「相手の可能性までも【制限】する」
=「目の行き届く距離」が理想になる
↓相手の「すべてを理解」したくなる
★「条件を満たす」ことを考える
★「ルールを守る」と信頼できる
★愛することに「条件付け」がある
★「ギブ&テイク」がイコールになる
★「自由が許せない」↓束縛になる
★「決まったこと」しか言えなくなる
★「すべてうまくいっている」という
【刷り込み】を、お互いにしている

エネルギーワーク

【制限を「忘れる=手放す」ワーク】

★両手を「グー」にする（握りしめる）
★「パー」にして、思いっきり「開く」
★3回くらい「繰り返す」
★両手を拡げて「伸び」をする
★そのまま「顔を上に」向けて
後ろにそって「あくび」をする
★深い呼吸をして「力を抜く」
「ニュートラル=素」の状態にして
【無の境地】を創り出してみる
★「ありのままが一番自由」だから
身につけた「制限を手放す」
★真の自由は【無防備で無計画】

真の自由の意味…「自由という環境」は、すでにいつもある

【真の自由と解放】が魅せてくれる
「自然の分身」である自分
「自分の理由」である自由
それを「魅せて」いける
「ハートをオープンに」できる
【真の自由に気づいていく】流れ
産まれてからずっと「自由」
既に「与えられているもの」
受け取ることが「自然な状態」
自分の「祈りや願いや夢」も手放して
「信じることも疑うこと」も手放して
両手を開いて「天にむけている」状態
【あるがままの姿で解き放つ】
すべて委ね任せて「明け渡していく」
「真の自由と解放」に導かれていく
軽やかな【エネルギーが循環】していく

自分の「人生物語」と「登場人物」を創造
常に「役割を演じ合って」学び合えている
「人の善性」といつも繋がっていける
「誰も何も悪くない」ことにも気づける
すべて「思い通りに創れる」ものだけど…
真の自由は「偉大なものに明け渡す」こと
手放して解放して「素の状態に還る」こと
【ありのままが真の自由】に満ちている
「目の前の叡智」にもすぐに気づける
「降り注がれる恩恵」にも感謝できる
いつの間にか「分析しなくなって」
いつの間にか「判断しなくなって」
「自由自在のスペース」が開いてくる
「想像以上のもの」がどんどん入ってくる
「自分や自由という枠」も外されていく
【世界や宇宙が自分そのもの】だと解る

～ありのままでいることが自由に満ちていることになる～

…自分を真の自由で満たせると…制限が無くなる／心がオープンになる／柔軟でいられる／感情の冒険や突破が増える／余計な力がどこにも入らない／臨機応変になれる／常に手を拡げている／遠慮なく受け取れる（受容できる）／あたりまえに与えられる奇跡がある／自由自在な生き方／好きな言動ができる／分析しなくてよくなる／判断もしなくなる／関係よりも関わりを選べる／先入観がなくなる／境界線がない／隔り拘り偏り偽りがなくなる／人の善性と繋がれる／誰も何も悪くない世界／各々の価値を尊重できる／各々の自由を尊重できる／無制限に無条件に愛せる／無や空になれる／地球や宇宙が身近になる／あるがままの魅力に惹かれる／すべて委ね任せていける／敵も味方もない世界になる／自意識過剰からの解放／マイペースでいられる／心の旅が増える／遊び心と創造力の活性化（＝アファメーションとして唱えてみてください）

自由と制限の紙一重・・・

「自由という制限」まで見え隠れする程、無意識に「視えない枠」を創ってしまう

【制限があるからこそ】自由を求める
祈りや願いや夢が叶っていて
「順風満帆な流れ」に乗っている

すべてが「思い通りだから」こそ
「期待という制限」が見え隠れする

「先入観や常識や拘り」に縛られて
自意識がどんどん「過剰になっていく」

一見「うまくいっていること」にも
「抵抗が潜んでいる」ことがある

「紙一重がいっぱい」あるから
【抵抗するもの】は蔓延（はびこ）り
全て「裏目にでてしまう」こともある

「本当に必要なもの」はもう持っている
欲しいものは「ぜんぶ与えられている」

そのことに【気づくだけで自由】になる
「握っていたものを手放す」だけでいい

いつの間にか「幻想を抱いて」いる
いつの間にか「自由をはき違えて」いる

もっと、心底、「楽しみ」たくて・・・
もっと、心底、「笑って」いたくて・・・

対外的に「自由を演出」してしまう

「魅せ方に拘ってしまう」ことに・・・

「高い水準」を課してしまう
「鋭い目利き」を魅せてしまう

【高い意識に縛られる】トリック
本当は自分の心の中に（制限があって）
埋められない（＝満たされていない）
何かが「こだわり」として潜んでいる

それでもなんでも
「心がそう動く」からには・・・

【今だからの完璧さ】もあるから
後で【大きな気づき】にもなるから

その「醍醐味や恩恵に気づいて」いくまで
その過程を「悔いなく楽しめる」ことに・・・

【真の自由を得る】までの「流れ」だから

感情を「味わい尽くす」ことも
喜怒哀楽を「出し切る」ことも

「自分の責任」で「選び抜いて」いける

「嫌悪感というお知らせ」がきたら
すぐさま、ひょいっと、裏っ返せばいい

【自分である理由＝自由】が観えてくる

「想像以上の展開」が「未知なる次元」へと
さらに「進化」してくれることになる

「目の前の現実」と「異なる現実」がある

「ハートがオープンに」なっていくから
「奥深い叡智」にも、すぐに「気づける」

「無意識の領域」からのお知らせ
「自意識の過剰」からのお知らせ

全て「受容して許容していける」ように
全て「包容して価値を上げられる」ように

さらに【自由を感じていく】ことに
さらに【昇華を感じていく】ことに

～ 調和のエネルギー ～

BALANCE＝調和／天秤＝バランスをとる、融合、統合、程よさ／太陽＝恩恵のパワー、循環エネルギー、覚醒／木＝真っ直さ、寛容、成長、成功、繁栄／雫、水＝浄化、流れに任せる、柔軟性／たくさんの光の集合体＝輝き、浮上、遊び心、生命力、結集する／雲＝天空、昇華、虹を呼ぶ、意識の変容、奇跡を起こせる／白＝光（色光の加法混合の彩）、神聖、全体性／黒＝闇（色料の減法混合の彩）、豊かさ／ピンク＝愛、癒し、優しさ、受容、許容、包容／レッド＝情熱、重心、グラウンディング／ブルー＝清らかさ、潔さ、冷静さ、豊潤、爽やかさ／緑＝自然の摂理、収穫、実り、豊穣、平和、啓示、注目、新鮮／オレンジ＝活気、健全、勢い、力強さ、人気者／イエロー＝絆、友情、繋がり、勇気、自信、軽やかさ【連想されるイメージ】＝調和がとれている／平和に導く／安心感／満足感／中庸／誠心誠意／ニュートラル＝自分の真ん中にいる／芯がある／筋が通せる／居心地の好い場所／平穏無事な様子／創造性の拡大／才能の開花／新しいアイデアが湧いてくる

BALANCE ★-3 UNBALANCE

～ 乱れ（不調和）のエネルギー ～

UNBALANCE＝乱れ／天秤＝動揺、偏り、乱心、迷走、憶測／太陽＝目眩し、発熱、ありあまるパワー／木＝災害で折れる、倒れる、腐る／雫、水＝濡れる、蒸れる、涙、弱さ、儚さ、寂しさ、喪失感、浄化／闇、黒い雨＝汚染、恐怖、惨め、混沌／雲＝読めない、謎、不穏な空気／白＝陽（すべての光の色をとばす）、偽善／黒＝陰（すべての色を濁らせる）、影、悪影響／ピンク＝罠、誤解、混乱、妖しさ／レッド＝激怒、後悔、執念、過敏／ブルー＝傷心、涙、悲しみ、深刻さ／緑＝孤独、不安、節制、拘り／緑＝弱さ、戸惑い、間違い、惨め／オレンジ＝頼りなさ、虚像、偽善、幻想／イエロー＝無神経、違反、失敗、挫折、恥、謝罪

【連想されるイメージ】＝破壊と再生／不調和／すぐに傾く／幻覚／不安定になる／心配／気がかり／胸騒ぎ／力をかけると壊れる／障害物に悩まされる／細かく分析しすぎる／判断される／人のせいにする／自意識過剰になる／意味付け／条件付け／言い訳／キレやすい／枠からはみ出す／堕落する／波動の乱れが伝わる／自暴自棄になる

人生・仕事∞縁∞結∞

【調和に「満ちた」人生・仕事】

★調和で「満たす」人生・仕事は・・・
「木のような【寛容さ】を魅せている」
＝「陰陽五行を味方に」つけた状態
↓地に足をつけて「力強く歩ける」
★「心身のバランス」がとれている
★「より善い展開」がすぐに起こる
★感覚が「研ぎ澄まされる」
★一瞬で「アイデア」が浮かぶ
★まずは「自分を大切に」できる
★「分け隔てなく」周囲を扱える
★【宇宙の調和】を意識しながら
安心して「導きに従って」進める

恋愛・結婚∞縁∞結∞

【調和に「満ちた」恋愛・結婚】

★調和で「満たす」恋愛・結婚は・・・
「自然にすべての【バランス】がとれる」
＝「程よさ（加減）」を身につけている
↓自分も相手も「同様に」思いやれる
★「心が穏やかに」優しく動いている
★身体が「しなやかに」動いている
★「欲張りも頑張りも」いらない
★「無理も我慢も遠慮も」しない
★一緒でも一人でも「一つになれる」
★「愛が循環している」ことを感じる
★【すべてうまくいっている】から
言葉にしなくても「親和性」がある

エネルギーワーク

【調和の「リズムに乗る」ワーク】

★「五線譜」を紙に描く（横線5本）
★その上に「5色の音符」を描く
「陰陽五行」色＝青、赤、黄、白、黒
（→音符の中に色の文字を描く）
実際にその中に色を塗ってもいい
★心地よい「音のリズム」を感じてみる
★「好きな歌」をハミングしてみる
★「右肩上がりになる」ように
別紙に音符を「描き直して」いく
★「自分の【リズム】ができている」と
「言葉」にして「実感して」みる
★「自分の【本音】の調和」を完成する
（清書して最後に「サイン」を描く）
★【すべてがちょうどいい】と感じる

人生・仕事∞解∞放∞

【調和の「表裏一体」な人生・仕事】

★調和と「紙一重」な人生・仕事は
「破壊と再生の【エネルギー】が強い」
＝「完璧主義」で細部に拘っている
↓丁寧すぎて「ゆとりがない」
★あらゆる「美意識が高すぎる」
★「利己的な調和」を持っている
★自分にも人にも言動が「厳しい」
★一つの乱れが「すべてを壊す」
★全て「ゼロにしたい」衝動がある
★整理整頓しても「崩したくなる」
★度々「優先順位の変動」があり
【大きな変容】を求めている

恋愛・結婚∞解∞放∞

【調和の「表裏一体」な恋愛・結婚】

★調和と「紙一重」な恋愛・結婚は
「自分と相手の【気持ち】を混同する」
＝「相手の感情を自分のもの」にする
↓相手を「受け容れすぎ」ている
★「自分と同じでいてほしい」と思う
↓相手を「コントロール」したくなる
＝「お互いの感情を操作(洗脳)」する
★無意識に「求め過ぎる」ことが多い
★理想の関係に「あてはめて」しまう
★すぐに「反応がないと不安」になる
★【過剰反応】が多くなってしまう
★「すべてうまくいっている」という
【証拠をいつも確認】したくなる

エネルギーワーク

【乱れを「忘れる＝手放す」ワーク】

★風船を「自分の息」で膨らませる
「理想の大きさ」まで膨らませる
★両手でそっと「抱きしめて」みる
★【ありがとう】と【愛してる】を
4回ずつ口にしてしばらく抱く
★最後に風船を針で突いて「割る」
「弾ける音を聴いて」大笑いする
★【過剰さを手放した】ことを感じて
大きな音で「拍手」をしてみる
★【真の調和】は「深呼吸」で取り戻す
★「姿勢を正して」大きく息を吸って
大きく吐いて「目を閉じて」終了

C o l u m N

真の調和の世界…「自分の源に還ること」で得られる世界

【真の調和が溢れる】響き
静かにそっと「真心に成る」ように
「自分のど真ん中」に還っていく
「ニュートラル＝素」に戻るように
安心のわが家（＝ハート）に帰っていく
【真の調和】のある「心地好い居場所」
「頭」から「ハート」までの長い旅
物理的には近くても「とても遠い」
本当は「一瞬でいける」ところ…
「考えてばかりいる頭」が足を引っ張る
自分の「感情が教えて」くれている
【好き】＝そっちでいいよ
【嫌い】＝そっちじゃないよ
好嫌は「解りやすい羅針盤＝道標」
「本当の自分の居場所」に辿り着ける
【心が喜ぶ方に】いけばいい

心を乱す「ヒトモノコト」も
大切なことを教えてくれている
【人の善性といつも繋がっている】と解る
「真の調和」を知るための「乱れ」があって
「芯の不調和」を識るための儀式もあって
【ありのままに戻してもらえる】ことに…
その「はじっこ」までいかないと
その「がけっぷち」までいかないと
「気づけないこと」がいっぱいある
「実感できないこと」もたくさんある
すべての調和と不調和の「狭間」
「すごい距離＝道程」があるはずなのに
「紙一重（＝隣り合わせ）」になっている
いつでも「ここ（＝ハート）に還ってこられる」
「大好きな自分」と「大好きな人達」とも
またすぐに自由に【繋がれる】場所（次元）

〜ありのままでいることが調和に満ちていることになる〜

…自分を真の調和で満たせると…いつも幸せな気持ちでいられる／地に足がついている／愛と感謝と信頼が溢れている／余計な力がどこにも入らない／穏やかで優しい表情を創り出せる／創造力もアイデアもすぐに降りる／心がオープンになる／愛が清らかに循環する／今、ここに全て揃っている／すぐに次のステージへの準備ができる／奇跡が起こりやすい／心地好い環境が増える／分け隔てなくいられる／自分も人もすぐに幸せにできる／エネルギーの好循環がしやすくなる／真の力が込められる／心身が安定する／自分の枠を超える／「神聖さ」と繋がる／協調性・親和性ができる／地球や宇宙が身近になる／各々の個性や自由を尊重できる／天の采配に任せている／自分がパワースポットになっている／次元上昇が起こる／豊かな展開を引き出せる／自他溶解が自然になる／統合して「真理」と繋がる（＝アファメーションとして唱えてみてください）

調和と乱れの紙一重…「自分の中心にいること」と「自分の殻に閉じこもること」は少し似ている

【不調和が教えてくれる】響き
秤がぐらついて「正しく計れない」
「本当（＝真実）の指標」も視えない
「すべて思い通り」だったのに
新たな「試練が与えられる」
シンプルだったものが「複雑」に
手放したはずのものが「執着」に
過去に戻ったような「幻覚に襲われる」
「偉大な刷新の季節」が訪れている証
【選択・決断】し直していこう
今の自分に「ふさわしいもの」だけ
これからの自分に「必要なもの」だけ
あとはぜんぶ【手放して】いこう
ずっと前から「凝り固まって」いた
ずっと根の深い所で「絡まって」いた
「視ないように」してきたこと
「感じないように」してきたこと

「バランスをとり続けて」きたこと
無難に「やりすごして」きたこと
もう、「覚悟」していこう…
もう、「決別」していこう…
変わることも、変わらないことも、
どちらも選べないでいた「過去に終止符」
「宙に浮いた状態」になっていた
「逃避している状態」になっていた
「疲れきって」しまったことも愛らしい
「乱れきって」しまったことも愛おしい
こんなにも「豊かだった」んだと
こんなにも「激しかった」んだと
「懸命に生きてきたこと」を【誇り】にする
「唯一無二の存在」の【人生を賞賛】できる
自分のホーム（ハート）に辿り着いたから
怖いものがなくなって【底力】がでてくる
もう「動かずには」いられなくなる
もう「試さずには」いられなくなる

【真の調和を得る】までの「流れ」の中にいた
「自分の殻」に閉じこもっていても
「自分の中心（＝本心）」に浸っていても
自分と「深く向き合えていた」から
自分と「ちゃんと繋がっていた」から
「自分のことに集中していた」ことになる
「沢山の自分を集結していた」ことになる
この【生命】で「生きてきた」から
この【自分】を「活かしてきた」から
「今の精一杯」で生きていること
「今の誠心誠意」を与えていること
【全身全霊】で「込めて」いる
【全知全能】も「開かれて」いる
「本当の自分」が「語り出して」いる
「神聖な自分」が「動き出して」いる
すごい【調和の世界を魅せる】ために…
この「美しい世界で具現化する」ために…

FAITH・RICH +4 DOUBT・POOR

〜 信頼のエネルギー 〜

FAITH・RICH＝信頼・豊かさ／二人の繋がりの上にハート・手を重ねたパワー＝美徳、誠実、至福、真心、愛情、支え合い、絶頂、思いやり、素敵連鎖／男性性・ひげ＝威厳、強さ、与える力、パワー、エネルギー、指導力、統率力、行動力／女性性・胸＝豊満、受容、許容、包容、ハートフル、養育、成幸、繁栄／キャンドル・炎＝情熱、導き、昇華、再誕生／滝・水・流れ＝源、浄化、柔軟性、自他溶解、次元上昇／白＝光（すべての光の集合色）、輝き、生命力／黒＝闇（すべての彩の集合色）、全体性／ピンク＝優しさ、敬愛、慈愛、癒し／レッド＝成就、実力、力強さ、底力／ブルー＝清らかさ、潔さ、冷静、成長、進化、注目される／オレンジ＝若さ、快活、元気、勢い、強化／イエロー＝軽妙さ、絆、友情、勇気、自信【連想されるイメージ】＝固い信念／希望／平和／豊穣／安心感／満足感／与える愛／感謝に繋がる／人を思いやる心／先見の明／明晰性／高貴さ／芯がある／偉大な力／大器晩成／創造性／才能の開花／高潔／祈りが届く／祝福／富裕／シンプルになる

FAITH・RICH -4 DOUBT・POOR

～ 疑惑（不信）のエネルギー ～

DOUBT・POOR＝疑惑・貧しさ／二人の繋がりからハート・手を重ねたパワー＝疑惑、執着、共依存、関係を持つ／男性性・ひげ＝尊厳、傲慢、威嚇、パワフル、支配エネルギー、洗脳、暴力的発言、独断、偏見／女性性・胸＝従順、弱い立場、心配、不安、後ろ盾が必要、ずるさ、自分を縮める／キャンドル・炎＝油断、期待、羨望、弱い光／滝・水・流れ＝禊、流されていく、主張できない、自分を亡くす／白＝陽（すべての光の彩をとばす）、偽善、消滅／黒＝陰（すべての色を濁らせる）、影、悪影響／ピンク＝罠（トラップ）、誘惑、浮気／レッド＝怒り、興奮、悲痛、激情／ブルー＝冷静、淡々とする、決別、嫉妬深さ／オレンジ＝矛盾、羞恥、攻撃、強引、性欲／イエロー＝未熟、違反、失敗、意味深、無視、挫折【連想されるイメージ】＝猜疑心／ネガティブなエネルギー／すべてを失う／うわさ話／トラウマ／ごまかし／動揺する／奪われる／感謝できない／許せない／罪悪感／嫌悪感／惨めさ／困惑する／虚偽／幻想／妄想／悪夢／裁き／無価値観／無意味／憂鬱

人生・仕事 ∞縁∞結∞

【信頼に「満ちた」人生・仕事】

★信頼で「満たす」人生・仕事は・・・
「富と豊かさに【繋がって】いく」
＝自分への「信頼と敬意」がある
↓自信を持って「才能を与える」

★自分の才能を「信頼&尊重」して
惜しみなく「すべてを与える」
★「成功(幸)と繁栄」に導かれる
★「価値が評価されて」富を得る
★【今の完璧さ】を信頼できるから
起こることを「すべて肯定できる」
★【真の信頼】を与えることは
宇宙に「すべてを任せる」こと

恋愛・結婚 ∞縁∞結∞

【信頼に「満ちた」恋愛・結婚】

★信頼で「満たす」恋愛・結婚は・・・
「何が起こっても愛に【繋がって】いく」
＝愛を超える【信頼の力】があること
↓信頼が「多くの【豊かさ】を育む」

★「人の善性(神聖さ)」を信頼すると
「愛と感謝と喜び」を得ていける
★お互いに「個性も自由も尊重」できる
★「ちょうどいい距離感」でいられる
★自分の「信じたいことを信じる」
★信頼することに「責任が持てる」
★【すべてうまくいっている】のは
お互いに「信頼を与え合える」から

エネルギーワーク

【信頼の「パワーアップ」ワーク】

★自分を「信頼」する(自信)ワーク
★自分をハグして頭をなでなでする
「ぎゅー、いい子いい子、なでなで」
★自分の「価値を賞賛」する言葉を
１００個、書き出してみる
☆「一番、【信じて】あげられる」
☆「一番、【愛して】あげられる」
☆「一番、【大切にして】あげられる」
★鏡をみながら、今の自分に・・・
それらの「言葉を伝えて」みる
★自分が、「一番、自分の言葉を
聞いていること」に気づいてみる

人生・仕事∞解∞放∞

【信頼の「表裏一体」な人生・仕事】

★信頼と「紙一重」な人生・仕事は
「信じきれなくて人に頼れない」
=「人に任せること」ができない
↓「誰も何も信用しない」で消耗
★「面倒なこと」にはしたくない
★深く「関わり」を持ちたくない
★失敗を「誰かや何かのせい」にする
★いつも環境や人から邪魔されて
「うまくいかないこと」にする
★「信じない」と信じてもらえない
★「真の信頼」を与えていけないと
【すべてを失う】ことになる

恋愛・結婚∞解∞放∞

【信頼の「表裏一体」な恋愛・結婚】

★信頼と「紙一重」な恋愛・結婚は
「信頼を超えて【執着】になっている」
=相手を信頼に値するか「査定」する
↓相手の「すべてを束縛」してしまう
★「自分の価値観で判断」してしまう
★「疑ったことが現実に」なってしまう
★信頼を失うと「すべてを失う」
★信じたい「気持ちが逆効果」になる
★裏にある【真の信頼】を学べる
★自分の「傲慢な想い」に気づいていく
★「すべてうまくいっている」という
今を【自ら創れること】を信じない

エネルギーワーク

【疑惑を「忘れる=手放す」ワーク】

★「疑惑の手帳」(=自分で創る)に
【疑い・心配】を書きだしてみる
「自分が信じられないこと」を
「思いつくままに」いっぱい書く
★刑事や探偵になったみたいに
「聞き込みしたように」丁寧に書く
★相手(世間)への「疑いの手紙」を書く
★「自分宛に」名前だけ書き換える
★「自分への手紙」として読んでみる
★同じことをされたら「どう思うか」
描いた「手帳を見直して」みる
★最後に「愛しています」と書いて
「破り捨てる」もしくは「燃やす」

ColumN

真の信頼を得る…自分のことを「一番信じてあげる」こと

【真の信頼を得る】流れを信じ抜く
自分の「価値を認めて」いる
自分の「生き方を許して」いる
「本当の自分の言葉」を持っている
【神聖な自分】も呼び起こせている
「虚像で生きていたこと」に気づける
誰かや何かに「遠慮していた」こと
「表に出すぎない」工夫をしていたこと
もう、「隠れなくて」いいよ…
【自分の本心】が「語り始めて」いる
「唯一無二の輝き」を魅せていく機会
「宝物としての存在感」を出せる好機
もう充分に「準備も待機もしてきた」
今こそ「神聖な自分を開花」できる
本当に【信頼できる】生命になる

自分の「生命も才能も経験も」宝物
惜しみなく与えて【貢献できる】こと
【真の信頼】は「真の謙虚さ」と繋がっている
エゴはもういなくなっているから…
「覚醒した新しい存在」として活かせる
【強力な刷新】で「揺るぎない信念」を得る
もう、「迷い惑わされる」こともない
もう、「逃げ避けていく」こともない
【内なる神】との「橋渡し」ができている
「両極の過激な出来事」も幻になり
すべてが「富と豊かさへと変容」する
「どん欲に宝を探す生き方」から
【宝物として探してもらえる】ように
自分の「価値を信頼できている証」となる
「自他溶解と統合」で「次元上昇」すると
【唯一無二の宝(輝き)】として幸先を照らす

〜ありのままでいることが信頼に満ちていることになる〜

…自分を真の信頼で満たせると…自分の価値が上がる／等身大になれる／無理や我慢や遠慮が無くなる／人の善性と繋がれる／すごい自分を引き出せる／真の才能が開花する／才能を信じて与えられる／誰も何も影響しなくなる／未知への挑戦ができる／奇跡が起こりやすい／自分も人も信じられる／勇気と自信が溢れる／今が一番幸せ／影響力が増す／貢献できる／魅力が溢れる／唯一無二の価値を賞賛し合える／信念のパワーが増す／愛の質も価値も上昇する／孤立しないで孤高になる／良質なエネルギー交換ができる／大いなるものに委ね任せていける／天地を繋いで突き抜ける／すべての超越がある／地球や宇宙との親和性ができる／敵も味方も創らない(創れない)／心配しないでハッピーでいる／人生が加速する／夢がすぐに叶っている／信頼の波動がより善い循環を創る(＝アファメーションとして唱えてみてください)

不信と疑惑の悪循環…楽しい探偵&刑事ごっこが「負の連鎖」を招き、繰り返すことでハマっていく

【不信と疑惑】の連鎖に嵌る

最初は「好奇心」からだった
本当はただの「知的欲求」だった

【信頼と紙一重なこと】だから
その「裏付け」が欲しかっただけ

本心は「信じたいと思っていた」から
こんなことになるなら「疑わなかった」

それでもなんでも「疑って」いた
結局、「信じて」あげられなかった

自分を【一番、信じていなかった】

ちゃんと「自分の価値を観て」いなくて
ちゃんと「自分を愛せて」いなくて

自分も他人も「傷つけて」きた

「信じること」から始めよう
「愛になる」まで【信じ抜こう】

同じように「信じて」もらえる
同じように「愛して」もらえる

自分から「拒否していた」こと
自分から「遠ざけていた」こと

もう、「許して」あげよう・・・
もう、「解放して」あげよう・・・

一番厳しく「自分を裁いて」きた
誰よりも「自分を束縛して」きた

それが見事に「ぜんぶ表に現れて」いた

【不信と疑惑の根源】は、すべて「自分」

「誰も何も悪くなくて」関係のないこと
「言い訳にしてきたこと」が沢山あること

「問題の奥の底まで理解」する
濁っていた「心をクリア」にする

自分も人も【分け隔てなく思い遣れる】

波立っていた「海の奥底まで潜る」ように
「深層の静けさ」や【叡智】に会いにいく

もう「疑うこと」をしなくてもいい
もう「惑わすこと」をしなくてもいい

【真の信頼を得る】までの「流れ」の中にいた

裏切られるのが「怖かった」
見捨てられるのが「嫌だった」

「疑うから」逆に「騙されて裏切られる」
「惑わすから」逆に「見捨てられてしまう」

「強い深い思い」が「真逆に叶っている」
ずっと「思って【=信じて】いたこと」が叶う

「望んでいないこと」が叶っているようで
「ずっと思っていた」から叶えてもらっている

【何を信じて】生きているのか・・・
【何を語って】生きているのか・・・

「自分への信頼」を見直してみよう
「自分への愛」を確かめてみよう

「解らない」という「頭で逃げないで・・・」
「知らない」という「言葉で避けないで・・・」

「真の自分」を引き出して「真の理解」に導く

【真の信頼に繋がる】と「怖れ」はどこにもない

RESPECT +5 CONTEMPT

～ 尊敬のエネルギー ～

RESPECT＝尊敬／的・対象・焦点＝憧れ、特別な存在、賞賛、殿堂入り、接点、今にフォーカス／ハート＝愛、信頼、敬意、感謝、和解／水玉＝個性、隔てない、可愛い、キュート、降り注ぐ、湧き上がる、連なり、繋がり、集まり／カラフル＝循環エネルギー、多彩、豊かさ、個性、自由、繊細さ、表現力、注目、魅力／白＝光（すべての光の集合色）、輝き、生命力／黒＝闇（すべての彩の集合色）、努力、実績、影響力／ピンク＝誕生、潤い、癒し、味方、受容、許容／ブルー＝清潔、浄化、聡明、流れ／緑・黄緑＝新芽、成長、進化、養生、リラックス／オレンジ＝応援、元気、若さ、勢い、強化／イエロー＝友情、友愛、勇気、自信、絆
【連想されるイメージ】＝優先順位／意識の拡大・変容／洞察力／多次元の視界／敬愛／神聖さ／慈悲／余裕がある／裕福／バランス感覚が優れている／五感総動員できる／無限の可能性を与えてくれる／すべてを超越していく／流れにのっている／情熱的な行動をする／達成力がある／賢明な選択・決断ができる／すべての責任がとれる

RESPECT -5 CONTEMPT

～ 軽蔑のエネルギー ～

CONTEMPT＝軽蔑／的・対象・焦点＝執着、敵視、攻撃、私利私欲、不平不満、不義理、役割／ハート＝呪縛、傷心、嘆き、奪う、頑固さ／水玉＝嫌悪の増殖、無言で抵抗、肌が合わない、汚れ、シミ／カラフル＝余計なもの、邪魔、うるさい、聞きたくないこと、観たくないもの／白＝陽（すべての光の彩をとばす）、偽善／黒＝陰（すべての色を濁らせる）、影、悪／ピンク＝妖艶、誘惑、トラップ（罠）、妄想、嘘／ブルー＝喪失感、落ち込み、涙、悲しみ／緑・黄緑＝神経質、過敏、侮辱、苦悩、腐りやすい、羨望／オレンジ＝後悔、恨み、迷惑、無利益、焦燥感、疲労／イエロー＝無知、無神経、幼稚、愚か、恥、違反、低次元【連想されるイメージ】＝傲慢さの為せる技／意識が低い／優劣で判断／邪気がある状態／愛の渇望／過去やトラウマの投影／卑しさ／惨めさ／無価値観／被害者意識／自分を等身大にできない／潜在意識からの闇／依存症／高慢な態度／邁進する／感謝が薄れている／反抗している／極端な反応／見縊る／浅い目覚め／息が上がっている

ColumN

人生・仕事∞縁∞結∞

【尊敬に「満ちた」人生・仕事】

★尊敬で「満たす」人生・仕事は・・・
「尊敬されることよりも
【尊敬することを選ぶ】姿勢」
＝「今の精一杯」で行動できる
→すべての「人を活かす」配慮
★いつも人に「尊敬を伝えている」
★人の「才能や輝き」にすぐ気づく
★「相乗効果になる出来事」が多く
「想像を超えた展開」になる
★人は、本来、「力を抜いて」こそ
【真の力】(偉大な力)が発揮される
★「皆で幸せになる選択」ができる
★「深い智慧を持っている」から
【尊敬される行動】ができる

恋愛・結婚∞縁∞結∞

【尊敬に「満ちた」恋愛・結婚】

★尊敬で「満たす」恋愛・結婚は・・・
「進化した【敬愛】の中にいられて
さらに質の高い愛を養育できる」
＝「愛の質」はどこまでも上がる
→自分の「愛が美徳」になっていく
★ヒトモノコトを【敬う愛】を魅せる
★相手の言動を常に「素直に誉める」
★ありのままの「美を賞賛」している
★どんな人も気持ちも「愛おしむ」
★人の善性に繋がる「慈愛」を表現
★【すべてうまくいっている】ことを
一緒に「祝福して」共感を与える

エネルギーワーク

【リスペクト「どきゅん」ワーク】

★ピストルの形を手でつくる
人差し指を「相手」に向ける
中指薬指小指は「内側」に入れる
親指は「天」にむける
★相手（鏡の自分）に向けて
打つポーズで褒め言葉を連呼する
「素敵だよ」「すごい才能だね」
「素晴らしいね」「憧れているよ」
「大好きだよ」「愛してるよ」等
★相手に与えた「一本の指」
自分の与えた「三本の指」
天に与えた「一本の指」
★自分から「与えた以上のこと」が
「必ず還ってくる」ことを実感する

人生・仕事∞解∞放∞

【尊敬の「表裏一体」人生・仕事】

★尊敬の「紙一重」な人生・仕事は
「真偽を混同して過ごしてしまう」
=相手によって「態度が変わる」
↓不自然で「違和感のある言動」
★人の行動の「善悪が気になる」
★完璧主義で「独特な拘り」がある
★「浮き沈み」が激しくなる
★「波瀾万丈の人生」になっていく
★「誰かや何かのせい」にする
★誰かや何かに「頼りきる」
★自分にも「正しい評価ができず」
【優越感を持つ】ことで安心する

恋愛・結婚∞解∞放∞

【尊敬の「表裏一体」恋愛・結婚】

★尊敬の「紙一重」な恋愛・結婚は
「本当の自分を表現できなくなる」
=「愛されたい思い」が強すぎる
↓愛されていると「実感できない」
★「基準値(=理想)が高く」なって
相手を「見下して」しまう
★人を査定しながら「邪険に扱う」
★長所を「好く観られなくなる」
★相手が「目障りで邪魔」だと感じる
★「見返りが約束される」と与える
★「すべてうまくいっている」とは
思えないから【全てを批判】する

エネルギーワーク

【軽蔑という「執着を手放す」ワーク】

★「ピンクか白のキャンドル」を用意
(高さ1センチ強、円周4センチ弱)
★「軽蔑」の文字を書いた紙を敷く
「私には尊敬する人がいません」
↓この文も周りに添えて書く
★キャンドルを燃やしている間に
横で、紙に「許せないこと」を書く
★キャンドルが「燃えつきる」まで
「気が澄む」まで何度も書いてみる
★最後に、「愛」と「感謝」を書いて
「私は貴方を尊敬します」も添える
★キャンドルも紙も「燃やしきる」

ColumN

尊敬の昇華……人を「尊敬する」と自分の「価値も上がる」

【尊敬が満ち溢れている】状態
唯一無二の「憧れの存在」にむけて
特別な矢（＝尊敬の念）を放ってみる
その「的に向けて」飛ばしてみる
思いっきり「遠くまで」投げてみる
「貴方にしかない才能」だから
「貴方にしかない魅力」だから
眩しいくらい「光り輝く」から
凛として「咲き誇っている」から
その「影響力に圧倒」される
「洗練された在り方に魅了」される
「憧れ」のヒトモノコトに向かう意味
手を伸ばして「背伸び」しちゃう理由
さらなる「宝探し」をしたくなる
「自分の内なる宝」もみつけたくなる
「自分にもある魅力」を思い出せる
【自分の尊さ】を「魅せて」もらえる

憧れのヒトモノコトは教えてくれている
「尊敬も憧れも外に求めなくていい」
「自分が持っていること」に気づこう
「引き出して磨くこと」をしていこう
【唯一無二】で同じものはないから
「比べるものは一つもない」から
「自分だけの輝き」にできる…
「自分だけの誇り」にできる…
探し当てられた「宝物＝ギフト」は
【真の宝物として存在】し始める
その価値がちゃんと「確かめ」られる
その価値がちゃんと「認め」られる
【真の尊敬】を得て【愛と謙虚さ】を識る
この「命の美徳」を解き放てる
この「命の尊厳」を与えていける
「ご褒美として存在」しているから
「祝福のような存在」になっていける

〜ありのままでいることが尊敬に満ちていることになる〜

…自分を真の尊敬で満たせると…自分の尊厳を承認できる／尊い命に感謝できる／与えられている価値に気づける／すべてのヒトモノコトに敬意を示していける／高め合う関係が増える／自分の内側に集中できる／敬意を循環させる／尊敬されることより尊敬することを選んでいく／尊敬すればするほど尊敬される／価値が上がる／才能を評価される／神聖な自分が現れやすくなる／奇跡がいつも起きる／常に導かれていることに信頼と敬意を抱ける／分け隔てなく尊敬できる／先入観を取り払ってありのままを認めていく／素の自分が輝くことを知っている／敬愛から質の高い愛にしていける／豊潤になれる肉体を敬える／思いが調って自尊感情が高まる／創造性や美徳に導ける／想像以上の豊穣を得る／すべてを受容して許容し包容する／真の尊敬はいつでも湧き上ってくる／自尊心を強化できる（＝アファメーションとして唱えてみてください）

尊敬と軽蔑の紙一重…「羨ましさ」が「恨めしさ」に変わってしまうことに気づこう

【尊敬と軽蔑の罠】がいつもある
憧れて羨ましくて「大尊敬」で
その人と「一心同体になる」勢い
すごいことが「よりすごく」感じて
感動がさらに「大感動」になり
【過剰さ】を「増して」いく
自分勝手に「君臨させて」しまう
自分勝手に「降臨させて」しまう
逆に「軽んじて蔑んで」馬鹿にして
「ひどい扱いをして」しまう人がいる
恨んでも恨みきれない存在なのに…
「攻撃」を向けてしまう
「抵抗」を露わにしてしまう
そこにも【紙一重】がある
「自分の怖れが投影」されている
誰か(=自分の投影)を「責めて裁いて」いる

極端な「分析(=過去の投影)や判断」がある
分け隔てなく「同じように扱えない」
無条件も無邪気も「許されない」
いつも「大義名分が必要」になってくる
それも【幻実の自分からのコントロール】
強引に「帳尻を合わせていく」ことになる
「心の声」が聴こえてくる
「心の叫び」が聴こえてくる
もっと、「愛して」ほしかった…
もっと、「認めて」ほしかった…
こんな風に「扱われたかった」
あんな風に「成りたかった」
人を【敬う本当の意味】がわからない
「常識や制限」が常に近くにあるから
そこに「当てはめていたら間違いない」と
そこで「護られていたら間違いない」と

自分の心の中に(怖れがあって)
埋められない(=乗り越えられない)
「不安」(=自信の無さ)があったりして
その【怖れ=不安】と真っ向から対峙して
自分の中だけで常に「闘い続けて」いる
真実の相手も自分も「観ていない」
真実の自分も相手も「認めていない」
今、「気づく時」が来ている
もう、「脱出の時」が来ている
【真の尊敬】は自分の「価値を讃える」こと
「産まれたまま」の【凄い自分】と
もう一度、「繋がり直して」いけること
ここから「始められる」こと
いまから「変わっていける」こと
自分の中の【真の愛に還っていける】から…
もう「誰かや何かを遠ざけなくていい」
尊敬できる【真の自分】と一緒にいられる

HUMBLENESS ★+6 HAUGHTINESS

～ 謙遜（謙虚さ）のエネルギー ～

HUMBLENESS＝謙遜／太陽・ひまわり＝恩恵、パワフル、循環エネルギー、輝き、閃き、豊かさ／ハート＝深い愛、優しさ、寛容、聡明さ、恋人／雨＝浄化、潤い、清らかさ、潔さ、流れ／祈る人＝祈願、思いやり、謙虚さ、上善水の如し／大きな葉・芽＝成長、進化、真心、影響力、生命力／白＝光（色光の加法混合の彩）、高潔、真理、神聖／黒＝闇（色料の減法混合の彩）、保護、滋養、集結／ピンク＝癒し、解放、夢の実現、繊細さ／レッド＝ロマンス、情熱、血縁、成功、繁栄／ブルー＝守護、知性、沈静、秩序、革新的／黄緑＝自然、健全、エネルギッシュ、新鮮、魅力、共感、柔軟／オレンジ＝笑顔、快活、元気、養育、若さ、幸福、力強さ、固い信念／イエロー＝友情、和解、絆、自信、勇気、軽やかさ、明晰性

【連想されるイメージ】＝低いところにすべての豊かさが集まる／深い叡智／進化した循環／潜在意識の書き換え／全体性／統合／真の謙虚さ／創造性の拡大／平等／平和／善い（好い）流れにのる／大きなものに任せる／才能の開花／貢献・奉仕／克服・解消

HUMBLENESS -6 HAUGHTINESS

～ 傲慢のエネルギー ～

HAUGHTINESS＝傲慢／太陽・ひまわり＝自己顕示欲、強欲、高慢、威嚇、厳しさ、抑圧的、自分勝手／ハート＝非情、狂気、嫉妬心、敗北感／黒い雨＝トラブル、涙、悲痛、苦悩、寂しさ、孤独／祈る人＝重荷、重圧、困惑、無自覚／大きな葉・芽＝恨みの増殖、家族の負の遺産、期待という制限／白＝陽（すべての光の彩をとばす）、偽善／黒＝陰（すべての色を濁らせる）、影、悪／ピンク＝罠、怪しさ、誤解、秘密／レッド＝血縁の問題、不満、無許可／ブルー＝猜疑心、分離、冷酷さ、衰弱／黄緑＝挫折、迷い、疑念、不信、矛盾／オレンジ＝自暴自棄、幻想、虚像、懺悔／イエロー＝裁き、幼稚さ、無神経、罪、暴力、失敗【連想されるイメージ】＝誰も何も認められない（信じられない）／利己主義／古い習慣に捕われている／時代遅れ／古風な考え方／呪縛・束縛／防衛本能／誇大妄想／人のせいにする／自意識過剰／破壊のパワー／真面目／頑固さ／敵と味方を分析・判断／過激な言動／涙がでない／柔軟性がない／愛情不足／欲求不満／損得勘定／躁鬱

ColumN

人生・仕事 ∞縁∞結∞

【謙虚さに「満ちた」人生・仕事】

★謙遜を「心得た」人生・仕事は・・・
「現在の【状況把握】ができた上で
【利他の心】で天の采配にお任せする」
＝全体を観て「明け渡す」行動をする
↓「適材適所」で「共存共栄」させる
★常に「俯瞰」して「全貌」をみて
「すべてを尊重」している
★【高い次元】と「繋がって」いる
★すべて「信頼して任せて」いけて
【責任感】も持ち合わせている
★想像以上の「豊かな展開」になる
★善い流れで「満たされ続け」て
すべての【信頼と人徳】を集める

恋愛・結婚 ∞縁∞結∞

【謙虚さに「満ちた」恋愛・結婚】

★謙遜を「心得た」恋愛・結婚は・・・
「いつも相手と【必要な話】ができ
お互いを【思いやって】歩み寄れる」
＝「対等に高め合える」関係になる
↓「尊重し合える」距離感でいる
★相手を「思いやって配慮」できる
★いつも「シンプルに」感謝を伝える
★「相思相愛」で「切磋琢磨」できる
★【真の謙虚さ】は「無理」も「我慢」も
「遠慮」も「しないこと」である
★【すべてうまくいっている】から
「美徳あふれる関わり」が増える

エネルギーワーク

【真の謙虚さ「インストール」ワーク】

★「手」を、綺麗に、丁寧に、洗う
★両手を拡げて、「伸び」をする
★自分を「ぎゅっと」抱きしめる
★「深呼吸」しながら3回繰り返す
★両手のひらに「∞マーク」を描いて
その両手を「お腹」にあてる
★「すべてを与え受け取る力がある」
3回言いながら、お腹に力を入れる
★お腹と手の「温かさ」を感じる
★傲慢ではなく【真の謙虚さ】を選び
常に「学び続けていく」ことを誓う

-6

人生・仕事∞解∞放∞

【謙虚さの「表裏一体」な人生・仕事】

★謙遜と「紙一重」な人生・仕事は
「地位や名誉を得て支配的になり
【高慢な言動】になってしまう」
＝「肩書きや印象に左右」される
↓世間体を「気にしすぎる」
★「多数派意見」に賛同する
★「偉い人の信念」が「自分の信念」
★誰に対しても「特別扱い」が多い
★自分を【特別に優遇】し過ぎる
★「狭い世界」でしか生きられない
★【善悪や正負の判断が強い】ので
とても「窮屈な生き方」になる

恋愛・結婚∞解∞放∞

【謙虚さの「表裏一体」な恋愛・結婚】

★謙遜と「紙一重」な恋愛・結婚は
「誰からも【何も受け取らない】ので
遠慮のかたまりになってしまう」
＝いつも「謙遜している」言葉を使う
↓相手の褒め言葉を「無下に扱う」
★自分を「卑下し過ぎること」が
「とても失礼」だと気づかない
★自分にも相手にも【敬意がない】
★「雑に扱ってしまう」傾向がある
★相手に「真の感謝」ができない
★「すべてうまくいっている」という
自信がなく【自意識過剰】になる

エネルギーワーク

【傲慢さを「忘れる＝手放す」ワーク】

★両膝を「労りながら」優しくなでる
★腰を「両手でほぐしながら」揉む
★「真の【誇り】を取り戻します」
何度も何度も言いながら・・・
3分程、「交互に」繰り返す
★最後に【深呼吸】を繰り返します
↓6つ数えながら「ゆっくり吸う」
↓6つ数えながら「息を止める」
↓6つ数えながら「強く吐く」
（声に出さず心の中で数えて）
★腰は「身体の要」膝は「誇りの象徴」
「身体のシンボル」も大切にできると
想像以上の「シンクロが起こる」

ColumN

真の謙虚さの意味…唯一無二の「生命を尊び活かす」こと

【真の謙虚さ】が「真の感謝」を創る
「ネガティヴなこと」が湧いてきても
「嫌な感情に支配」されてしまっても
「思ってはいけないこと」なんてない
「いけないと思うこと」もやめていい
浮かぶ想いを「分析しないで」
抱ける想いを「判断しないで」
そのままを「許して」流していく
そのままを「好きに」転じていく
「感情が知らせてくれている」だけだから
次の「行動に活かせばいい」ことだから
私達の豊かな感情に「敬意を与えて」
感情の「導きを否定しないで」感謝して
「好きな方にいく」だけでいい
「優しい方にいく」だけでいい
感情に「支配されないで」
感情を「誇大にしないで」

「敏感なことも才能」だから
「繊細なことも特技」だから
今の自分で「ナチュラルに」する
今の次元で「ニュートラルに」する
【調和していく】ように
【統合していく】ように
余計な力を「加えなくて」いい
余計な事は「考えなくて」いい
感じることを「過剰にしないで」
気づけることを「無視にしないで」
色んな「感情と仲良く」なればいい
様々な「感情の冒険」をしたらいい
【唯一無二の価値】が活きてくる
「適材適所の才能を発揮」していける
自然に「軽やかに上って」いく
ありのまま「穏やかに昇って」いく
【真の謙虚さ】は「自分自身に与える」

〜ありのままでいることが謙虚さに満ちていることになる〜

…自分を真の謙虚さで満たせると…無知の知を理解する／無私無欲になる／貢献することが自然になる／常に覚醒している／異なる現実では最高の形で統治されている／一期一会で演じる役割があることに気づく／互いに接点で学び合っている／人の全部を理解できないことを識る／個性と自由を尊重できる／人の宇宙の偉大さを実感する／奇跡はいつもあたりまえに起こっている／期待も自由も制限になる可能性があることを実感する／頭で理解していることだけでは真の理解ではないと気づける／頭の動きと心の動きの距離を縮めていける／自分をパワースポットにできる／目の前のすべてをメンターにできる／先入観がなくなる／分け隔てなくヒトモノコトを扱える／分析も判断も必要なくなる／無や空に導かれる／宇宙が身近になる／敵も味方も創らない世界にできる／無制限に無条件に愛していける（＝アファメーションとして唱えてみてください）

謙遜と傲慢の紙一重…「一見、謙遜している人」、実は、「傲慢さからきている」ことに、気づいていない

【謙遜が傲慢さの裏側にいる】こと
時々、よく聞くこの台詞
「私なんて、全然だめです」
「無理です、とんでもないです」
分相応で「奥ゆかしくみえる」けれど
謙虚で「場をわきまえている」けれど
古風で「品が良い対応」のようで
「美徳や美意識と似ている」ようで
「唯一無二の生命に失礼」なこと
大切な「才能や価値に無礼」なこと
ましてや、「誉め称えてくれた」人や
「価値を認めて抜擢してくれた」事に
「恩を仇で返す」ようなことにも
「頂いた贈り物を拒否」することにも
隠れ傲慢に「気づけない」人は多い
真の価値を「受け取れない」人は多い
「分らないという言葉」で逃げている
「知らないという頭」で避けている

本当はちゃんと「思い出せる」こと
本当はちゃんと「識っている」こと
【本当の自分】は、「全部、引き出せる」
【神聖な自分】は、「全部、解っている」
「潜在意識にも味方してもらえる」から
「全身全霊で全知全能にもなれる」から
可能性を「閉じてしまう」ことに気づいて
創造性を「諦めてしまう」ことに気づいて
気づくだけで「大きな可能性」が開く
気づくだけで「想像を超えて」いける
凄い自分（生命）を「起こして」あげよう
凄い才能（ギフト）を「動かして」あげよう
「一日ですべてを満たす」ことになる
「一瞬ですべてを幸せにする」ことになる
その「醍醐味や恩恵」を受け取ろう
その「責任と信頼」を与えていこう
真の謙虚さが「凄い力を引き上げて」いく
真の謙虚さが全てを「感謝に導いて」いく

【真の謙虚さ】を「理解して」いると
【真の奥床しさ】を「携えて」いると
適材適所で「誠心誠意を尽せる」こと
一期一会で「相思相愛に成れる」こと
「共存共栄」で「切磋琢磨」もできて
「相乗効果」で「素敵連鎖」にもなって
豊かさが「想像以上に溢れて」いく
自分の「枠を超えて突き抜けて」いく
【神聖な自分】と「繋がって」いこう
「ハートも脳も全開」にしていこう
自分のど真ん中を「明け渡して」いこう
【すごい 命 が 動き出す】
【すごい 心 が 語り出す】
さらに「意識の変容」を感じていくことに
さらに「自由の拡大」を感じていくことに
【真の謙虚さ】の威力を「試して」いこう
【真の謙虚さ】の偉力を「魅せて」いこう

～ 真実のエネルギー ～

TRUTH・LIGHT ＝真実・光(誠)／白い二羽の鳥＝繋がり、信頼、誠実さ、導き、飛翔、命を繋ぐ／ハート＝愛そのもの、内なる神と繋がる、感謝、思いやり／虹＝雨も曇りも晴れも含まれる、色んな天気の後に魅せてもらえる、様々な感情の昇華、橋渡し、次元を超えていく、心が晴れていく、ご褒美、奇跡、多彩、豊かさ、魅力／雲＝循環エネルギー、個性、自由、唯一無二、繊細、自己実現／白＝光(すべての光の集合色)、輝き、注目／黒＝闇(すべての彩の集合色)、豊かさ／ピンク＝癒し、愛、優しさ、受容、許容／ブルー＝清潔、浄化、聡明、流れ、賢明な選択／黄緑＝新鮮さ、成長、進化、再誕生、解放／オレンジ＝快活、元気、若返り、勢い、強化、笑顔／イエロー＝友情、友愛、勇気、自信、底力、向上心【連想されるイメージ】＝絶妙なタイミング／今に焦点があたる／創造性の拡大／固い信念と絆／多角的な視点・俯瞰で観られる／無限の可能性／真の自分と出逢える／善い展開が連なる／必然の出来事／その先に贈り出せる／敬愛になる／日々新鮮になれる

TRUTH・LIGHT -7 PHANTASM・SHADOW

～ 幻実のエネルギー ～

PHANTASM・SHADOW ＝幻想・影(嘘)／黒い二羽の鳥＝執着、共依存、束縛、運命共同体、分離／ハート＝誘惑、重荷、抑圧、自信喪失、勘違い、妄想／虹＝油断する、遮断する、境界線、混乱する、罪悪感／カラフル＝複雑な感情、危険な橋を渡る、繊細すぎる、根拠のない噂話／雲＝嵐を起こす、わだかまり、曖昧さ、悪循環／白＝陽(すべての光の色をとばす)、偽善／黒＝陰(すべての色を濁らせる)、影、悪／ピンク＝妄想、妖艶、甘い罠、嘘、曖昧／ブルー＝哀しみ、落ち込み、涙、怒り、苦悩／黄緑＝神経質、過敏、不実、羨望／オレンジ＝犠牲、気が利かない、疲労／イエロー＝無神経、幼稚、羞恥心、逃避

【連想されるイメージ】＝地に足がついていない／夢見心地／愛の渇望／トラウマ／無価値観／被害妄想が激しい／分不相応／責任転嫁／中毒・依存症／記憶障害／敗北感に襲われる／許せないことだらけ／飛躍しすぎる／極端な反応／無自覚・無意識・無関心・無感動／焦燥感が強い／低次元に居続ける／負の連鎖／無力だと嘆いている

人生・仕事∞縁∞結∞

【真実に「満ちた」人生・仕事】

★真実で「満たす」人生・仕事は…
「唯一無二の【価値】が表に現れる」
=「偉業を成す展開」に導かれる
→「富と名声」を最短で手にできる
★【凄い自分】と「繋がって」いる
★凄い「才能と智慧が溢れて」くる
★「洗練されていく流れ」に乗れる
★すべてが「スムーズに加速」する
★「偉大なるヒトモノコト達」に
「必然的に加速度的に」出逢える
★【宇宙の循環を意識】しながら
「導きと恩恵を受け取って」いく

恋愛・結婚∞縁∞結∞

【真実に「満ちた」恋愛・結婚】

★真実で「満たす」恋愛・結婚は…
「神聖さが【無限の可能性】を魅せる」
=「すごいパートナーシップ」の具現化
→自他溶解して「超越(=宇宙)を体感」
★純粋な創造性で「引き寄せて」いる
★願望を手放して、すぐに「叶える」
★常に「心と脳を全開」にして
理想の「ヒトモノコト」を得ている
★【今の完璧さ】の「価値も質も上昇」
★「愛と輝きが増して」眩しくなる
★「想像以上の幸せ」を感じられる
★【すべてうまくいっている】から
いつも「神聖な自分」でいられる

エネルギーワーク

【真実の自分に「繋がる」ワーク】

★神社に「お参り」にいくとき
「参道の端を歩くこと」を思い出す
★真ん中に【神様】が歩いていること
→その「イメージ」を思い浮かべる
★同じように「自分の身体」の中心を
風通しよく【空ける(明け渡す)】
=「体を割る」イメージをしてみる
★そこに【神聖な自分】を降臨させる
★どんな「顔や声や性格」なのかを
「自由自在にイメージ」してみる
★その人が「何を語るのか」待ってみる
その「言葉」を紙に書いて残しておく

人生・仕事∞解∞放∞

【真実の「表裏一体」な人生・仕事】

★真実と「紙一重」な人生・仕事は
「どんどん【本音が隠されて】いく」
＝常に何かを「埋め合わせ」ている
↓周りを固めても「芯がない」状態
★全て「きれいごと」にしてしまい
「嘘やごまかし」が増えていく
★一人で「完璧」にやってしまう
★【拘り偏り偽り隔たり】ができて
何度も「同じことを繰り返す」
★「イメージ(=虚像)で満たせて」も
「現実を満たせていない」状態
★「夢が叶っているはず」なのに
【満たされていない】ことが多い

恋愛・結婚∞解∞放∞

【真実の「表裏一体」な恋愛・結婚】

★真実と「紙一重」な恋愛・結婚は
「本心が【わからない】状態になる」
＝自分も相手も「直視できていない」
↓「思い込み」の中でも「考え過ぎる」
★相手と「本音で話し合えない」まま
相手が「喜びそうなこと」をする
★「どうしたいのか」本当は解らない
★自分の「想いも人生も犠牲」にする
★「与え過ぎて消耗」してしまう
★何かを「補足しようとする」けれど
それが何か「よくわからない」
★「すべてうまくいっている」ことを
演じ続けて【本気本物本質】が薄い

エネルギーワーク

【本音で「活きる」ための訓練ワーク】

★紙に太い線で「大きめの円」を描く
★その中に【本心(今の気持ち)】を
「思いつくまま」に書いていく
★本心を引き出すのが大変なときは
【本当の気持ち】という文字を
太字で「円の内側」に大きく書く
★「円の内側」を切って【枠を外す】
★その文章を見て「どう思うか」
浮かぶ感情を「どんどん流して」いく
★それも難しいときは「川の流れ」を
「清流のイメージ」で思い浮かべる
★描いた文字を「声に出して」読んで
【私は本音を大切にする】と言う

ColumN

真実と幻の生命…「思考が産み出す現実」の「時差」の意味

【真実も幻実も隔てない】生き方
この「想い」が「産み出した現実」
その「妄想」が「産み出した幻影」
「精一杯の思い」で生きてきたから
その「想いが叶えられていく」こと
【原因と結果の法則】＝「因果応報」
「叶う」までの「時差」がある
「現実が動く」までの「準備」がある
「多次元でも進行」している…
心や脳は「先に体験して」いる
叶う前に「動かせる」ものがある
望む前に「見直せる」ことがある
【真の願望】を大切に思えたらいい
【真の愛情】で人を思い遣ったらいい
本当の自分が「思いを届けてくれる」
神聖な自分が「なんでも可能にする」

「真実の自分」と「幻実(幻影)の自分」は
いつも、ずっと、私と「一緒にいてくれる」
どちらも私をとても「愛してくれて」いる
私のために色んな「準備をして」くれる
この「生命や才能や経験」を連れてきた
「夢も希望も自己実現」も与えてくれた
すべてを「ちゃんと繋げて」くれている
すべてを「無駄にしないで」いてくれる
あらためて「感謝できる」ことばかり
あらためて「愛せる」ことばかり
【喜怒哀楽と五感総動員】が強い味方
自分の中の「沢山の自分」と出逢えた
こんなにも「豊かな自分」にしてくれた
此方も彼方も「自由自在に動かせる」
今、この「瞬間の満たされ方」が半端ない
【幸せ感度】の「質も価値も」この上ない

〜ありのままでいることが真実に満ちていることになる〜

…自分を真の実りで満たせると…幸せ感度が上昇する／満たされることばかり／穏やかな時間を創り出せる／心も脳も全開になる／愛が膨らんでどんどん循環する／どこにも行かなくてもここにすべて揃っている／今、ここに完璧さがある／準備されている／奇跡も愛も「信実」になる／自分の中心にいられるのが一番心地好い／多くの人を満たせる／分け隔てなく愛を与えられる／循環エネルギーの活性化／多次元を行き来する／自由自在に裕福になれる／自分を超越できる／人の神聖さ(善性)と繋がる／新しい価値がみつかる／刷新できる／個性や自由を尊重／無制限に無条件に愛と感謝にする／あるがままの魅力で惹かれ合う／平和と調和の世界に身を置く／自他溶解が起こる／繋がりや統合ができやすい／どこにいても誰といても作用し合える／この世界を今すぐに豊かにできる／【愛そのもの】でいられる(＝アファメーションとして唱えてみてください)

真実と幻実の紙一重…自分と相手の「感情が入り交じり」、人の分まで「身を粉にして」頑張ってしまう

【真実も幻実も一緒に体験】する

自分と相手が「近づき過ぎる」
自分と相手の「思いが交錯する」

何が「真実か現(幻)実か解らない」

純粋な「気持ちから始まった」はず
素直な「気持ちから動いた」はず

「真実の自分」から出発していた
「現実の自分」から出走していた

【幻影の自分】が追ってくる

どこかで「真実を見過ごして」しまう
いつの間にか「真実を追い越して」しまう

自分の「ペースを乱して」しまう
相手の「スペースを犯して」しまう

勢い余って「過去のあの場所へ」戻る
あの「課題や障害に再挑戦」する

わざわざ「試練を創り出して」いる
わざわざ「複雑に練り上げて」いる

やるべき「理由や意味付け」をする
それも「必要だと言い聞かせて」みる

「観ないで」やり過した「幻実への罪悪感」
「都合良く」解釈した「真実への嫌悪感」

何度でも「やり直し」たくなっている
何度でも「完璧に」したくなっている

「細部」に「拘り」始めている
「局部」に「偏り」始めている

言われた「言葉を気にして」いる
愛された「感触を思い出して」いる

幻想と「創り出したイメージ」とつきあう
妄想と「自分都合のストーリー」に酔う

その幻想の中で「過去と向き合って」いる
その妄想の中で「障害と抱き合って」いる

「怖れていることほど現実に」なっていく
「愛された瞬間が甘い幻影に」なっていく

どちらも「作用し合って」いる
どっちもあるから「苦悩し始める」

「本物のステージ」に立たなくなる
「本題のリクエスト」に応えなくなる

自分が「活かされるステージ」を選べない
自分の「可能性を拡げること」を択べない

自分の【役割と使命】を「もらっている」ことに
誰かや何かに「奉仕でもしている」ことに

「誰かのために」生き抜いてしまう
「何かのために」燃え尽きてしまう

自分の「成功と繁栄」を【置き去り】にする
自分の「人生と選択」を【据え置き】にする

【怖れに支配されている】から
【愛し愛される自信がない】から

すべてを「外に探して」しまう
すべてを「待ち望んで」しまう

【内なる神聖な存在が目覚める】だけでいい
自分が【愛そのものだと気づく】だけでいい

【覚醒するための出来事】だと「理解できる」
「自分で引き起こしていること」も自覚できる

GOOD・LIKE +8 BAD・DISLIKE

～ 善・優・好のエネルギー ～

GOOD・LIKE＝善・優・好／カード＝決断力、選択力、自己実現、魅力、パワフル、繋がり／ハート＝愛、美徳、恩恵、奇跡を産む／クラブ＝新しい展開、上昇エネルギー、調和、豊穣、評価、貢献／ダイヤ＝輝き、名誉、出世、裕福、富、お金／スペード＝リーダーシップ、勝利、ご褒美／クローバー＝平和、相乗効果、誠心誠意、初心／白＝光（色光の加法混合の彩）／黒＝闇（色料の減法混合の彩）／ピンク＝癒し、優しさ、受容、許容、包容／ブルー＝浄化、潔さ、クリアー、聡明、流れ／緑・黄緑＝努力、成長、進化、刷新、リラックス／オレンジ＝元気、勢い、活力、楽観的／イエロー＝友情、友愛、勇気、自信、生命力【連想されるイメージ】＝喜びに繋がること／人生を謳歌できる／深い洞察を得る／裁かない生き方をする／分析や判断をしなくなる／神聖な導き／次元上昇／しあわせ感度が高い／統合された状態／無限の可能性を開く／すべてを超越していく流れ／情熱的な人生／全ての願望実現／創造性が拡大する／研ぎ澄まされる／想像以上の展開

GOOD・LIKE -8 BAD・DISLIKE

～ 悪・劣・嫌のエネルギー ～

BAD・DISLIKE＝悪・劣・嫌／カード＝切り札、騙す、ごまかす、未熟、演技、役割／ハート＝心の傷、困惑、罠、批判的、奪う、穢す／クラブ＝意気地なし、呪縛、嘆き、切なさ、否定、報われない／ダイヤ＝偽物、邪魔、余計なもの、幻影、お金にまつわるネガティブさ／スペード＝威嚇、攻撃、戦闘態勢、裁きを下す／クローバー＝乱れ、苛立ち、胸騒ぎ、動揺／白＝陽（すべての光の彩をとばす）、偽善／黒＝陰（すべての色を濁らせる）、影、悪／ピンク＝ずるさ、妖艶、誘惑、トラップ（罠）、興奮／ブルー＝喪失感、落ち込み、涙、悲しみ、決別、怒り、恨み、苦悩、嫌悪／緑・黄緑＝弱気、腐れ縁、神経質、過敏、防衛／オレンジ＝頭が固い、独断、偏見、自分勝手／イエロー＝無知、無神経、無秩序、幼稚、愚か、恥、違反

【連想されるイメージ】＝支配欲／劣等感／トラブルが多い／無理を強いる／高を括る／すべて邪険にする／人も心も征服していく／冷酷／罰を与えていく／職権乱用／加害者も被害者も創る／打算／失恋／喪失／躁鬱／敬遠される／無理や我慢や遠慮が増える

ColumN

人生・仕事∞縁∞結∞

【分析・判断しない人生・仕事】

★分析・判断しない人生・仕事は・・・
「(覚醒した)【意識の高い】人達が
引き寄せられてくることになる」
＝常に「目覚めている」状態になる
→優しい「気づき」の中で過ごせる
★多次元から「情報を得て」いける
★「進化と変容」を繰り返せる
★「成功と繁栄」に直結している
★真の価値や「波動」で引き寄せて
「富に繋がる」人達と出逢える
★【真の価値】を必要とされるので
才能や経験が「すべて生きる」
★【ニュートラルな状態】でいると
すぐに「アイデアも力も湧く」

恋愛・結婚∞縁∞結∞

【分析・判断しない恋愛・結婚】

★分析・判断しない恋愛・結婚は・・・
「愛そのものとして存在しているので
【傷つかない関わり】になっている」
＝【真の愛の中にいる】と「判断しない」
↓「ありのままの完璧さ」でいられる
★「善性(＝神聖さ)に繋がる」から
【愛と感謝と喜び】で共鳴し合う
★お互いの「無限の宇宙」が開かれる
★「心も身体も魂も超越」することで
【良質なエネルギー交換】ができる
★「人も想いもエネルギーの存在」として
「活かし合う」関わりが自然になる
★【すべてうまくいっている】時こそ
「生きているだけで幸福」だと悟る

エネルギーワーク

【分析・判断しなくなるワーク】

★カードを「一枚引いて」みる
★その絵を「真似して描いて」みる
★似てる？ 全然、似てない？
好き？ 嫌い？ これで合ってる？
★「似ても似てなくても」いい
★「正解も不正解もなくて」いい
★【唯一無二の自分の絵にして】いい
★今、自分が【描きたい】と思うもの
＝今、浮かぶもの 今、気になるもの
「何も考えず」自由に描いてみる
★【無心】で描けるものを導き出す
「その先の自分の世界」を創っていく

+8

-8

人生・仕事∞解∞放∞

【分析・判断の「表裏一体」人生・仕事】

★ジャッジの「紙一重」な人生・仕事
「すべてを【決めつけ】てばかりで
器の小さい人になっていく」
＝人を「断片だけで判断」する
→【人の宇宙】を感じられない

★統計にあてはめて「分析」する

★3次元を「超えていけない」

★すべての「価値」や「可能性」に
「蓋をする行為」だと気づかない

★「器を縮める行為」に気づけず
自分の【意識を拡大できない】

恋愛・結婚∞解∞放∞

【分析・判断の「表裏一体」恋愛・結婚】

★ジャッジの「紙一重」な恋愛・結婚
「人を【先入観や固定観念】で裁いて
心の底から愛し合う事ができない」
＝相手の全てを「新鮮に」観られない
→相手の「真の可能性」を見ていない

★自分の【価値観で判断】してしまう

★すべての「未知」に挑んでいけない

★相手の「偉大さ」にも気づけず
自分を「等身大」にもしていない

★「すべてうまくいっている」ことにして
ここにある【豊かな恵みを見逃す】

エネルギーワーク

【ジャッジを「忘れる＝手放す」ワーク】

★好き嫌い、善悪、勝ち負け、優劣…
【分析・判断してばかり】いること
一日を振り返って「思い出す」

★何を【判断していたか】を書き出す
「自分の傾向と対策」を探ってみる
例・人のダメなところが気になる
＝自分のダメなところが気になる

★「相手に感じること」も書いてみる
「思い癖」があることに気づいてみる
【相手を裁いている】ことを認める

★書き出した紙を小さくたたんで
コップに、「塩と一緒に入れる」

★水を勢いよく注いで、溢れ出たら
「水に流します」と言って捨てる

C o l u m N

分析も判断も不要…「進化した心」は、いつも高次元にいる

【高次元に繋がると不要】になる
生きやすく「解りやすくする」ために
「分析も判断も必要だった」けれど
高次元に繋がると「分析は必要ない」
神聖な自分でいると「判断もしない」
「比べる」ヒトモノコトはない
「並べる」ヒトモノコトはない
「ありのままで完璧」だから
「唯一無二で完全性」だから
「正しさはいらない」から
「裁きや毒もいらない」から
【真の愛と自由がある】から
【愛と感謝と笑いになる】から
「傷つくこともなく」なっている
「気にすることもなく」なっている
他人の領域に「入り込む」こともない
そこから「連れてくる」こともない

この世が決めた「統計からの分析」
幻実の社会や他人が「意味付けた判断」
「覚醒した新しい生命」には【無意味】
「強力に刷新された存在」には【無価値】
光としての「命の輝きを魅せて」いくだけ
光り輝く「宝物として存在」するだけ
そこに「物差し」はいらなくなる
そこに「計るもの」なんて何もない
もう「迷い惑わされる」ものもない
もう「逃げ避けていく」こともない
【全身全霊】でいられるから
【全知全能】になっているから
前もって「準備も計画も」しなくていい
【必然と具現化】に導かれていく
「宿命も運命も超えて」いける
【天命を全うする流れ】に乗れる
「神聖な自分と繋がる」と【真の理解】になる

〜ありのままでいるとすべてが「完璧さ」で満ちている〜

…自分を「今の完璧さ」で満たせると…分析も判断もいらなくなる／純真無垢に還るとこの世を裁くことができない／人の神聖さ（善性）と繋がることがあたりまえになる／真の才能が開花して、天命として活かされる／本当は誰も何も影響していないことに気づく＝影響させていたのは分析や判断からの刷り込みでしかないと悟る／自分の責任で真の自由を選択する／自分にも他人にも真の信頼を与える／内なる偉大な存在を目覚めさせる／真の影響力が増し、魅力が溢れ出す／唯一無二の存在価値が真の輝きになると、芯の力が増す／愛の質も価値も高まり、孤立しないで孤高の人になる／より善いエネルギー循環になる／自分の宇宙が閃く／すべての超越があり、期待も制限も超えて、さらなる壮大な人生が動き出す／無邪気で無防備で無計画の方が偉業を成せる／天才性が起動する／すべての生命に感謝（＝アファメーションとして唱えてみてください）

分析と判断の悪循環…

「過去の古い思考パターン」に根付いた「分析と判断」が成長を遅らせる
【分析と判断】が「偏りや歪みを創る」
「分析する」のはあたりまえ
「判断する」のも日常茶飯事
そうしないと「前に進めない」から
そうしてないと「安心できない」から
実は「過去から引っ張られて」いる
逆に「未来に進む速度を抑えて」いる
「逆効果と悪循環」になることも…
長いこと「遣り続けて」しまった
永いこと「愛し続けて」しまった
それでも「手放せなかった」
それでも「必要になっていた」
とても「大切にしてきた」から
とても「満たされてきた」から
その「瞬間の魅力」を「誇大にしていた」
その「幻想の威力」には「敵わなかった」
【自己暗示をかけて】いたかのように…
分析が「可能性を縮めて」しまった
判断が「心と脳を閉じさせて」いた
もう、【過去からの 追憶】はいらない
もう、【誰かへの 執着】もいらない
「拘って偏って歪んで」ぐちゃぐちゃ
「偽って黙って隔たって」ぐにゃぐにゃ
随分、「複雑にして」しまった
随分、「遠回りにして」しまった
それでもなんでも「愛おしかった」
「悔いなく」やりきっていた
「惜しみなく」与えきっていた
【今の自分らしさ】を「探していた」のに…
過去の「自分らしさに捕まって」いた
過去と今が「近づき過ぎて」いた
「未来の自分らしさ」は視えていない
「真の未来を観ようとしなかった」から
今の自分を【等身大にできてなかった】

「ジャッジを手放せる」時がきている
もう「充分だと言える」時がきている
【成功する】ことを「自分に許して」あげる
【繁栄する】ことも「自分に与えて」あげる
「真の選択と決断」にしていこう
潔く【本物】に「成って」いけばいい
【本当の自分】を「閃いて」いけばいい
かつてないほどの「変容の季節」が来ている
「重要な締めくくりの時」を迎えている
「新しい始まり」を受け容れていこう
「新しい自分」を迎え入れていこう
すべて「うまくいっている」こと
すべて「うまくいかせていた」こと
すべて「うまくいかないわけがない」こと
そもそもそんなことも「意識しなくなる」
「うまくいくことがあたりまえ」だから…
【真の愛】に目覚めて「天の采配に任せて」いく

紙一重カード陰陽8種の解説…「絵の中のシンボルの意味」から自由に「連想」しながら「紐解き」してみよう

～各々の【絵の世界観】から「陽の意味」を理解しよう！「陰にも転じて」みながら連想して「今の自分の投影」を【洞察】してみよう～

LOVE＝愛

空に昇る「月」と、大海に沈む「太陽」が
「対等な関係」を創っている
お互いの愛(存在)を必要として
「投影」し合いながら魅せ合っている
【唯一無二の存在】で「似て非なるもの」同士
心からの「波動」で「引き寄せ」合っている
海の表面の波は、とても荒々しく激しいけれど
層は、いつも静かで穏やかで「叡智に満ちている」
すべての存在(生命)」が【愛そのもの】だと気づく

FREEDOM＝自由

画面いっぱいに幼い子どもの「笑顔」がある
太陽のような瞳」ですべてを優しく照らしている
十字架のガラガラを持って楽しんでいる
奏でている音色や言の葉のイメージが表れて
ての【枠も線も縛り(＝制限)も越えていく】ように
愛(＝ハートのシンボル)の波動の中に
どんどん吸い込まれていく様子
【新しい次元やアイデアの扉】が開いて
「真の自由」を実感していける

BALANCE＝調和

秤のセンターに、「寛容な木」がそびえ立っている
「万物のバランスを魅せている」ように
庸」の立ち位置は【天にも昇れる神聖さ】がある
晴れも雨も、どちらも「各々の魅力」があって
「両極を得られる」ことは「豊かな証拠」である
この世には「比べられないものばかり」で
一無二の「価値」と「調和」を、誰もが持っている
背後の沢山の光・輝き(＝プラス印)は
【無限の可能性】の「象徴」として描かれている

FAITH・RICH＝信頼・豊かさ

男女が手を結び、堂々とそれを掲げて魅せている
頼がある」と満ちた気持ちで【豊かさを引き寄せる】
内なる情熱の炎」を燃やしながら「愛し抜ける」姿
「愛の証拠」としての象徴(＝ハート)が
頭上に現れて、拡大し続けている
男性性は能動的」で「女性性は受動的」で「対等」
への人間の「内なる調和」も、象徴的に描かれている
「真の信頼」は、そのすべてを「包容」している
の滝(＝曲線)は浄化され続けて「潤いになる」象徴

RESPECT＝尊敬

「尊敬」を前面に押し出した偉大なロゴ表現
大きな的の中心と背景に沢山の「ドット(点)」がある
尊敬される人は、その「核」を魅せて、「拡大」している
「憧れ」を抱く、その他大勢の人達は
点のまま、きれいに行儀よく並んで群れている
誰とも触れ合えていない距離で、浮遊している状態
現実(幻実)では「人のすべてに触れることはできない」
「真の尊敬」とは、【誰にでも、分け隔てなく】
【程よい距離】で「自然に無理なく与え合える」もの

HUMBLENESS＝謙遜

ひまわりの花のようなカタチの美しい太陽に
「頭を垂れて祈る人」が描かれている
流れる水のような【美しい心】を身体にまとって
ひざまづいて、雨乞いしているような姿になっている
その【美徳を持つ】人に「全ての恩恵」が降り注いでいる
大きな双葉(＝新芽)が実っている様子は
その人の「夢が具現化」される「偉大なシンボル」である
背後にある恵みの雨も、その夢が更に育まれていく「象徴」
この美しい循環が「真の謙虚さ」を表現している

TRUTH・LIGHT ＝真実・光(誠)

二羽の鳥が寄り添って「支え合うように飛翔」している
頭上には「ハートのシンボル」があり
【軽やかな愛】だから、さらに「飛躍できる」ことがわかる
様々な天気(＝感情)を味わった後にできた
「光と闇が創った虹」を超えていく様子が描かれている
奇跡を魅せられているかのような「美と輝き」がある
「真実の美」は【自然体】でいられることだと悟る
この世の全ての必然である「ヒトモノコト」は
「尊くて潔い生命(＝宝)のような存在」だと気づける

GOOD・LIKE＝善・優・好

「どのカードを出すか」で、試されている状態
常に「分析・判断」して「最善の答」を導き出してきた様子
対(極)になる「正負・善悪・優劣・勝負」等の
分離(＝ギザギザ)を創り出してきた
それを【統合】し【超越】することができると
さらなる「進化と変容」を起こしていく「流れ」になる
「過去と直結した分析&判断」は、必要ないことが解る
どのカードも「唯一無二の魅力と今の豊かさ」を感じられる
感情は「未来への道標(→好きを選ぶ)」だと気づける

LOVE

LOVE

RESPECT

RESPECT

FREEDOM

FREEDOM

HUMBLENESS

HUMBLENESS

BALANCE

BALANCE

Truth
TRUTH

Truth
TRUTH

FAITH

FAITH

JUDGEMENT

JUDGEMENT
JUDGEMENT

神人縁・結カード＝解放、統合、感謝カード（各々の3パターンと3段階に導かれる）

★この一覧をみて、「気になる単語」、「フレーズ」を、直感で選んでみる
→そのページをみて、「深いご縁や気づきに繋がっている」ことを確かめる
→自分の「感受性を信頼」して、思いついたことを自由にやって試してみよう

【解放、統合、感謝カードの解説ページ】を観る時は、「五感総動員」で感じてみよう
→「ピンとくる言葉や色」、「目に飛び込んでくる単語や文章」を観て、「自力」で「今の自分」を導こう
→内容から連想して、「自分にしかわからない答えや気づき」をみつけられると、【直感が鍛えられる】

エ ネ ル ギ ー ワ ー ク
SYMBOL THERAPY ORIGINAL

∞

～エネルギーの観察～

＋

～解放・統合・感謝カード～

＋

9～28 エネルギーワーク

∞

～エネルギーの観察～

「エネルギーを活用する」ためのヒントになること

＋

～解放・統合・感謝カード～

【9～28枚のカードの解説】

各々の3段階の展開 と 各々の3段階 で「進化していく流れ」

＋

9～28 エネルギーワーク

… 3段階の中のメインカードの「エネルギーワーク」をひとまとめ …

エ　ネ　ル　ギ　ー　ワ　ー　ク

SYMBOL THERAPY ORIGINAL

エネルギーを「理解」して
その存在を
「意識」して観てみる

∞

～ エネルギーの観察 ～

エネルギーを活用するための
ヒントになること

【エネルギーでできているもの】を「観察してみる」

「すべてのものがエネルギー（＝波動）でできている」ことに「気づいていける」こと

その波動（＝振動）の「流れが視えてくる」と【自然の摂理】を感じることができる

人は、まさに【自然の分身＝自分】として「解りやすく存在」している

知識や情報が膨大になったことで失われた【超直感】が、「誰にでもちゃんとある」こと

【自然】は、まさに、「その感覚が息づいている」ものだから、そこから学べばいい

ただ、忘れてしまっただけだと気づいて、それを「思い出す（＝引き出す）」だけでいい

それを「信じる力（＝信念）も、取り戻せる」と、すべてに【信頼を与えて】いける

エ ネ ル ギ ー ワ ー ク

SYMBOL THERAPY ORIGINAL

「命のエネルギー」を意識してつきあってみる

〜エネルギーの「擬人化」〜

【エネルギーとして存在している＝人】を［頭］ではなく［ハート］で感じること

［ハート］の中の［あらゆる感情］も【人＝命として扱える】ことですべて［愛］にでき

どんな人（＝感情）も「分け隔てなく愛すること」は、本来、「可能なこと」である

人は、本来、愛（＝軽やかな波動のエネルギー）で出来ていて、【愛そのもの】だか

その［高次のエネルギー］を持っていることを［思い出す旅］が［人生］だと言える

［エネルギーを意識］しながら、ちゃんとつきあってみると、【深い叡智】に導かれてい

人は、尊い［命のエネルギー］＝自分の［価値のエネルギー］で周囲と［作用し合え

【無限の可能性】【無条件の愛】がどんどん［オープン］に［視えやすく］なってい

エ　ネ　ル　ギ　ー　ワ　ー　ク

SYMBOL THERAPY ORIGINAL

エネルギーへの「アプローチ」

～何を与えていくか～

【自分のエネルギー】と【相手のエネルギー】

人として、丁寧に［同じように（＝平等に）扱える］ことで、［思いやって］大切にできる

「与えるエネルギー」は「与えるエネルギー」を［引き寄せ］

「奪うエネルギー」は「奪うエネルギー」を間違いなく［引き寄せ］ている

一見、［分かりにくい］、［意識に昇りにくい］、ということも、時々ある（→紙一重だから）

それでもなんでも「波動（振動）エネルギー」は、本当は、［わかりやすいもの］なので

［同じ波動］のものをちゃんと［引き寄せ］ている＝「類は友を呼ぶ（ことわざ）」

自分にも相手にも【欲しいエネルギー（望むこと）を与える】とその［循環］ができる

エ ネ ル ギ ー ワ ー ク

SYMBOL THERAPY ORIGINAL

エネルギーからの「無反応」&「お知らせ」

～現実がどう動いているか～

時々、【動かせていない エネルギー】が あるみたいに

現実が 思うように「変 化 してくれていない」と、エネルギーの「無反応さ」を感じる

それは、【心底 願ったもの が、他に ある】場合、もう少し【時間 が かかる】場合、である

「目覚めていないと（覚醒していないと）」その「意味に全く気づけない」こともある

今は、「叶わないこと」が「都合がいい」という 意味 でもあるので、【よく 観 察】してみよう

［真逆に叶ってしまっている］ことがある場合、そこに、【大切なお知らせ】がある

［口癖にしてたこと］、［ため息］、［諦め］、［許せないこと］、［結果に拘り過ぎていたこと］等

「エネルギー の 流れ を 見直す」と【どこに 流れ やすくなっていたか】を、突き止められる

エネルギーワーク
SYMBOL THERAPY ORIGINAL

エネルギーが「調う」と何が「変わって」くるのか？？？

人は【エネルギーが調う】と・・・

「心が穏やかで、落ち着く」＝［ニュートラル］で［純粋な状態］に還っていく

「余計なことも考えなくなり、余計な力も入らなくなる」＝【シンプル】になる

→現実が［想像以上］になり、「忘れかけていた夢」まで［叶っている］ことがある

→たとえ病気になっても、【愛のエネルギー】が「免疫力を高めて」くれる

【治す力】までも「自分で育むことが可能」になっていく＝［奇跡］も瞬時に起こせる

→天からのお知らせが「解りやすく」「入りやすく」なって【最高善の行動】ができる

「すべては繋がって」いて、［必然性］があり、さらなる【豊かさに結ばれていく】

エネルギーワーク

SYMBOL THERAPY ORIGINAL

エネルギーが「乱れる」と何が「起こって」くるのか？？？

人は【エネルギー が 乱れてくる】と・・・

＝心が［過剰］に［反応］し始める（動揺、号泣、刺激、ストレス、苦悩、衝撃、激痛など

→さらに「悪循環」になり「感情 が 乱れていく」（心の傷、トラウマの浮上など）

→現実にも「病気 や 怪我 や 事故 を 引き起こす 可能性」（＝心が起こす）が増す

無意識 に、目の前の出来事から 視えない【情 報 エネルギー】を受け取って

「過去 の 未浄化 の 記憶（＝過去世や人の思いまで感じ取る）」の［再 現］をし始め

一瞬でも 何度でも 心 や 脳 の 中 で［激 化］させ、現実に「負 の 連鎖」を起こしやすくす

心もエネルギーも乱れたら【過ぎ去った「ヒトモノコト」を追わなくていい】という「お知ら

エネルギーワーク

SYMBOL THERAPY ORIGINAL

エネルギーの世界を「味方」につけていく

～よりスムーズに物事が動く～

[エネルギー]は、自分だけのものでもなくて

地球からも、周囲の人からも、受け取って、さらには与えて、【作用し合っている】

つも【エネルギー交換 や 循環】していることを「意識できる」と「研ぎ澄まされて」いく

その【エネルギー交換 や 循環】を「感じられる」と(=気づいていけると)

り善いより好きなエネルギー】と「繋がることを選択」して、「責任を持って活用」できる

皆、本来、真の部分(核になる部分)は、とても[純真無垢]だから

その「エネルギー(=善性)に繋がっている」と【強い味方】になってもらえる

ガティブなエネルギー」は【自分で浄化】して[外には与えない]&[外からももらわない]

エ　ネ　ル　ギ　ー　ワ　ー　ク

SYMBOL THERAPY ORIGINAL

エネルギーを「循環」させていく

～【より善い展開】が溢れる～

[エネルギー]は常に動いていて、【自分で「浄化」も「循環」もしている】

人がエネルギーを【信頼できない】と、[余計な力]や[思い]が加わり、「乱れてしま

すべて、「本来の循環に戻すイメージ」で、「手放していける（＝解放する）」と

[宇宙の法則]がいつも働いているので、【すべて与えられている】ことにも、気づける

【ありのままの状態】に還っていくと、本来の【循環エネルギー】が[起動]しやす

すべての「エネルギーを解放」して、「信頼すること＆感謝すること」ができれば

本当は、何もしなくても、そのままで、【すべてうまくいく流れ】になっていく

本当の自分（＝神聖な自分）は【全知全能】なので、そこに「繋がる」だけでい

ビジョン∞解∞放∞

★いつもの「ビジョン」を見直す★
【先入観を「どんどん外して」いく】

「情報のイメージに縛られている？」
「容姿の【印象】に惑わされている？」
名前、性別、年齢、職業、学歴、出身、
顔、髪型、背格好、身なり、言動など
…何を問われる？ 何を問う？
…何を観られる？ 何を観る？
…何が一番 気になっている？
自分で「決めつけている」事に気づく
「自意識過剰」という固執を手放して
日々瞬時、【新しい自分】にしていこう
「真実の自分（＝神聖な自分）」は、
【本気本物本質】を観て「描き直す」

夢∞統∞合∞

★自分の「夢や願望」を観直す★
【夢や願望を「統合」して手放す】

「描いている夢や願望を確認し直す」
↓「ずっと同じ」で変わっていない？
↓常に「どんどん変化」している？
…「心の底から望んで」いる？
…「他人の願望を描いて」いない？
…「叶えている絵」が浮かぶ？
「自分の本心」に、シンプルに語らせて
「真の夢や願望」を【固い信念】にする
握り締めていた【夢や願望を手放す】
【無心】の状態が創り出されると…
順風満帆に「すべてが運ばれてくる」

直感（直観）∞感∞謝∞

★直感（直観）を鍛える★
【絶好の機会に降臨する超直感】

「直感（直観）を信頼している」
「連絡くる」ってわかっていた
「絶対に逢える」ってわかっていた
「この展開になる」ってわかっていた
…自分は「すごい」と思う
…「普通の人ではない」と思う
…【特別な能力】があると思う
「本当の自分」と繋がれたら
どんどん「お知らせがくる」から
もう【気づく】&【閃く】だけでいい
「心も脳もオープンに」しよう！
更に「想像を超える展開」になる

～「ビジョン」のエネルギーを読み解く～

VISION＝ビジョン・夢・直感（直観）・・・／多次元で変容し続けるブルーのエネルギー／大きなピンクハートが浮かび上がり、膨張を続けている／二人の人間の姿が映し出されている／ピンク枠（癒し）の中に白枠（光）があって、さらに黒枠（闇）がある／白光を発する二人／＝人がイメージしたものが予習されている／＝二人は同じ波動で出逢えて、ちゃんと向き合えている／＝程よい距離で自分の陰陽の光を護りながら、お互いに与え合っている／＝人はお互いに鏡だと気づくと、成長が加速する／＝投影した相手から多くのことを学べる／＝相手は今の夢や希望でもあり、過去の自分（さらには未来の自分）でもある／＝自分のイメージの固執も教えてくれている／＝卒業したい思いや人を手放せる／＝手放せば手放すほど、さらにより善いものが入る／＝来るものは拒まず、去る者は追わなくていい／＝覚醒できたら、どんどん刷新していく／＝もう怖いものは何もない／＝新しいビジョンを描き直せる／＝すべて繋がっていて、その先もその続きもある／＝天の采配に従う

リーダーシップ∞解∞放∞

★リーダーシップを「手放す」★
【誰もが「リーダーになれる」こと】
「いつも同じ人がリーダーではなくて
適材適所のリーダーに任せられる」
誰かだけが凄くて偉い訳でもなくて
皆、「凄い才能や特技」を持っている
常に、「作用し合えて尊重し合える」
→【より善い展開】が「増して」くる
決めつけなくていいことが、沢山ある
「柔軟性」と「チームワーク」を育める
常に【絶大なる包容力】を持っていて
ちゃんと【責任を取れる人】でいる
「真のリーダー」は【皆と一緒に】前進

リレーションシップ∞統∞合∞

★人間関係を「解放」していく★
【誰の中にも「沢山の自分」がいる】
「現実に、人と深く強く繋がっても、
【接点(=部分)で触れている】だけ」
全てを把握する=「傲慢さ」の現れ
→接点が全てだと「勘違い」すると
「高を括ってしまう」危険がある
人は【奥深く未知の存在】で「尊い命」
中心から【人(=全体)と繋がる】と
各々の「価値を承認&賞賛」できる
各々が都合好く「配役」を与え合い
「学びと成長の機会」を創り出せる
【個性と自由を尊重】し感謝し合う

パートナーシップ∞感∞謝∞

★「パートナーシップ」を育める★
【唯一無二の存在として向き合う】
「深く親しく【愛しい存在】だから
瞬間を一期一会の関わりで生きて
【今の精一杯】を魅せていける」
毎日、「新鮮でいられる関わり」で
日々瞬時「新鮮に産まれ変わって」
当たり前のことにも【感謝】できる
どんどん【深い喜び】を創り出せる
心からの感謝で「今を満たせる」と
「波動」が同じものを「引き寄せ」て
【感謝する出来事】が集まってくる
「過去になる今」にも縛られないで
すぐに【手放し】ながら生きていく

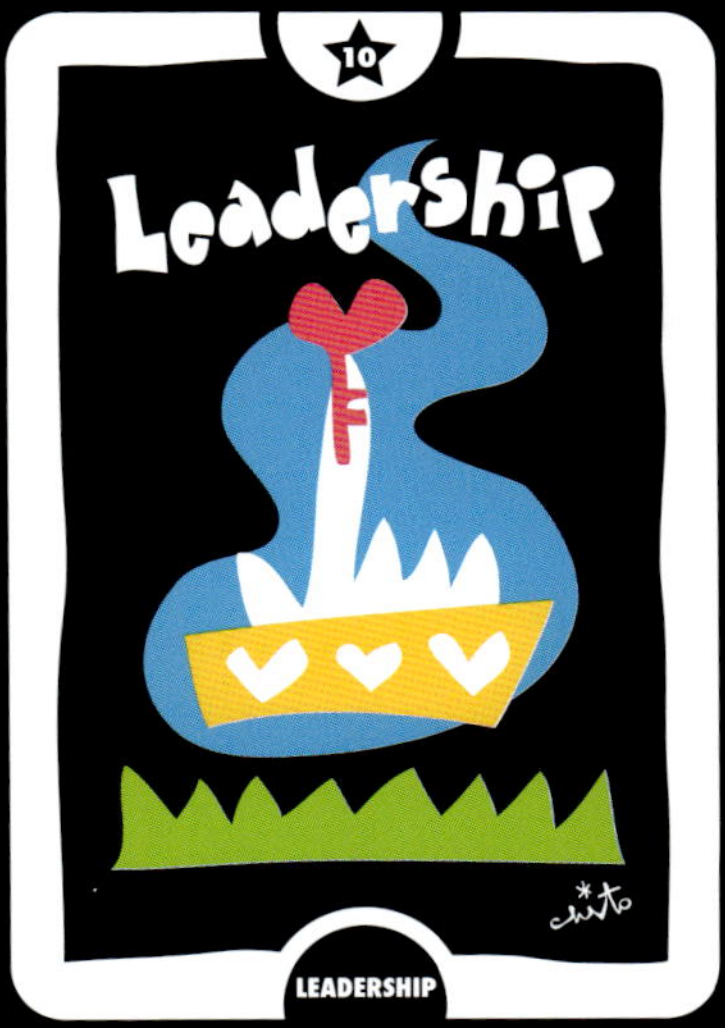

～「リーダーシップ」のエネルギーを読み解く～

LEADERSHIP＝リーダーシップ・リレーションシップ・パートナーシップ・・・／上流から下流に流れてきたリーダーシップの船と大きな手／人差し指を天に向けて、そびえたつリーダーのシンボル／ピンクハートのキーが頭上にある（ハートを掴むキーマン）／善をイメージした白いハートが描かれた黄金の船が湖畔に出現／手前に実りを感じる緑の茂みがある／＝リーダーは仲間を家族だと思っている（手の指は家族の象徴）／＝人差し指は「この指にとまれ」と言っている／＝約束をいつも守ってくれている（信頼を与え合える）／＝人を導けるように、気高く存在している／＝友情も愛情も深い／＝水の流れのように浄化や柔軟さを与えてくれる／＝対等でいられる／＝人を思いやっていける流れ／＝高いところ（精神的なところ）から現実に降りてきた存在／＝流れにも調子にも乗っているが、油断していない状態／＝アシンメトリー（非対称）でいながら、バランスをとっていける／＝常に臨機応変でいられる／＝乗り越えると視えてくる世界がある／＝皆で支え合う

コミュニケーション∞解∞放∞

★言いたいことを「今、伝える」★
【生ものの「気持ちを大切に」する】

「今、リアルに浮かんでいる気持ちは
【生もの】だから、今の命を大切に」
すぐに「気持ちは流れて動いている」
【どんどん綺麗になる】ものなのに、
時々「滞って、濁っている」ことがある

「抵抗している」証拠だから・・・
「拘っている」ことがあるから・・・
「納得できない」ことがあるから・・・
「理解できない」ことがあるから・・・
→今、聞けない理由がある？
→今、言葉にできない訳がある？

＝「今ではない深いところ」からの
【大切なお知らせ】に気づいていく

クリア∞統∞合∞

★「気が澄む」まで「会話」する★
【お腹の中を「真っ白に」していく】

「思うまま言葉にして気が澄むと
【何も考えないで】自然に話せる」
「誰か」降りてきているように・・・
「何か」言わされているように・・・
「自分の言葉ではない」みたいに・・・
【深い智慧が湧き出ている】こと
→無心から「素の言葉」が産まれる

「本当の自分に辿り着ける」感覚
自分の中に【神の通り道】ができて
「神聖さに明け渡す」展開になる
【何も語らなくても】善くなる

クリスタル∞感∞謝∞

★清らかで「透明な会話」になる★
【自分自身との「対話」を感じる】

「自分の枠が無くなる感覚になり
【神聖な情報】が降りてくる」
＝内なる神との対話が増えていく

【透き通っていく心】を感じる
「究極の美」を「魅せて」もらえる
「奉仕や貢献や感謝」に導かれる
色んな人から「必要」とされて
【才能を活かす機会】が増えていく

何が起こっても、起こらなくても、
【今の完璧さ】を「理解&実感」して
「真っ直ぐな心で視る」ことになる
【広い世界に出て】表現していける

～「コミュニケーション」のエネルギーを読み解く～

COMMUNICATION＝透明・綺麗・会話（対話）・・・／レターセットが二つ／一つはハートシールが貼られている／言いたいことが詰まっている封筒／片方はラブレター、もう片方は言えない本音／封が閉じられた出さない手紙になっている／横たわるハートのような頭を持った身体／握手をしているかのような、オレンジと黄色のハート型の手／＝愛しい存在がいる／＝お互いを思い遣っていることを実感／＝本音の方が右肩上がりに主張し始めている／＝本当の話がしたい／＝言いたくて、うずうずしている／＝恥ずかしくて言えない／＝気持ちは全部エネルギーで伝わっている／＝相手の気持ちを掴んで離さない／＝優しい・明るい・楽しい繋がり／＝ずっと一緒にいたくなる／＝離れたくない気持ちが強くなる／＝好きがとまらない／＝何をどう伝えたらいいかが解らない／＝ドキドキワクワクソワソワしている／＝かつてない高揚感がある／＝与えたい気持ちと欲しい気持ちのバランス／＝共鳴する気持ち／＝敬愛のある「コミュニケーション」にしていく

遊び∞解∞放∞

★「遊び心」をオープンにする★
【子供の頃の「純真無垢」に戻る】

「無邪気で無防備で無計画な
幼い頃の【自由な発想】を呼び醒す」

常識や「多くの制限に支配」されて
「忘れ去られて」しまったこと・・・

子供の頃にはごく当たり前にあった
【遊び心】を、今こそ「再起動」する

「どこに隠れちゃった」のかな？
ちゃんと「自分の中にいる」よね？
お茶目な自分(部分)がいるよね？

悪戯心まで顔をだしてくるから
忘れてただけでちゃんといるから
素直な【子供心】を起こして活かす

喜び∞統∞合∞

★喜ぶことを「承認&許容」する★
【思いっきり「心が喜ぶこと」をする】

「心の底から【喜べること】をしよう」

自分の大切な心を置き去りにして
「誰かや何かが喜ぶこと」をしていた
↓それも「必要なとき」があった

今の自分の【本心が喜ぶ】ことを選ぶ
今すぐ「好きな方に動く」ことを択ぶ

【自分が喜ぶ気持＝行為】を「許す」
大好きなヒトモノコトを「承認する」

【自分の喜び】から「動き出す」

今すぐに、自らを「喜びで満たす」
人にも【祝福を与える】ことになる

祝祭∞感∞謝∞

★感謝と「祝祭」を味わい尽す★
【心の動きを「祝福する」機会】

「たった一人で動かす心のようで
皆で【作用し合って】響き合える」

日々の収穫も「気づく」と沢山あり
日々の【感謝】がじわじわ上がる

「視えない心のやり取り」を
丁寧に「真剣にやってきた」から
その【趣も豊かさも】味わえる

「集合意識」から【ご褒美】がある

「素敵連鎖」を楽しめる【祝祭】

様々な繋がりに「祝福を与えて」
【さらなる豊穣】を祈っていく

～「喜び」のエネルギーを読み解く～

JOY＝遊び・喜び・祝祭・・・／空中浮遊しているような軽やかな人の輪／白い光をまとったカラフルな人達が、黒いハートを囲んでいる／空高く舞い上がり、高次元で結ばれている／同じリズムの中にいるイメージ／音符が全体の和にぶら下がっている／多種多様な人種が手を繋いでいる／＝高い次元でしか観られない光景がある／＝高い意識だから出逢える人達がいる／＝波動の高い（近い）人が、集まってきている／＝高次元の自分からあっという間に満たしてもらえる／＝人との距離もほどよくなっていく／＝自分が楽しい嬉しい大好きだと思うことをしているから、そういうことが増えていく／＝幸せな気持ちをどんどん浸透させていく／＝そっと触れるくらいの手の繋ぎ方がいい／＝生命の繋がりをいつも感じている／＝家族・仲間・友などのあらゆる関係を、軽やかにしていく流れに乗る／＝どこにいても誰といても、ずっと繋がり続けられる場所も、人も、魂も、ちゃんと存在している／＝人は皆、作用し合って生きていて、学びと成長の機会を常に与えられている

創造性∞解∞放∞

★「愛と喜び」から創造する★
【真の創造性は「愛そのもの」だから
「純粋なエネルギー」で具現化する】
「真の創造性をこの世で体験する」
→【神秘的な世界】が開かれていく
知識も技術も鍛錬も「超えていく」
【無から誕生させる】創造を魅せる
…「自分を明け渡す」状態
…「大きなものに委ねる」機会
【神聖な自分】を開いて通して
「表現されたがっているもの」に気づく
「自分を超えているもの」でもあり
世界を「歓喜と祝福へと誘うもの」
→【全知全能】に導かれていく

可能性∞統∞合∞

★「無」から可能性が開かれる★
【無限の可能性を開いていくのは
「純粋な潜在能力」が閃かれる時】
「宇宙が創造される以前の状態」
→【無を創り出す】と逆に溢れ出す
命は「無から無へと流れて」いる
その中間(=この世での生)でも
本来「余計なものは何もいらない」
【無】が「あらゆる可能性」を秘める
→まだ何も「顕在化されていない」
=「パワフル」で「成熟した」状態
=全てを含んだ偉大な【無】の状態
「生命や価値」に真の感謝を与えて
今世での具現化の【可能性】を拡大

豊穣性∞感∞謝∞

★「内なる豊穣性」を感じる★
【誰のものでもない自分の豊穣を
「喜びと感謝」をもって受け取る】
「唯一無二の【収穫を祝福】する」
=その【命の価値や質】を賞賛する
「純粋な潜在能力」を引き出して
無理なく、我慢なく、遠慮なく、
求めて「受け取って」与えていける
常に【愛と智慧】が湧き上がる
更に「豊かさや魅力」が溢れ出す
宇宙は「枯渇することはない」ので
必要なものは「今すぐ与えられて」
【善い循環】や「相乗効果」になる
地球や生命の【祝祭】にも繋がる

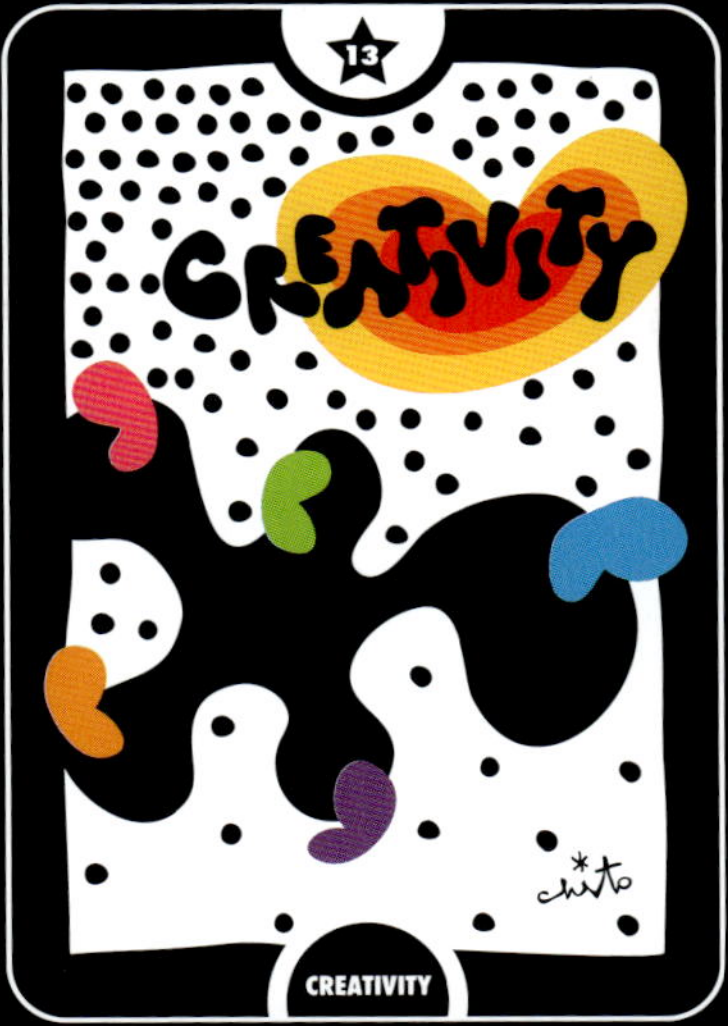

～「創造性」のエネルギーを読み解く～

CREATIVITY＝創造性・可能性・豊穣性・・・／ハート形の太陽に照らされている／愛と太陽のエネルギーが合体している、最幸最善最愛最強のシンボル／鳥のような大きな人が両手を拡げて飛翔している／頭も手足も翼のように広がっている／その翼の上にはカラフルなハートの分身がくっついている／背景に黒い点（多くのアイデア＆人の想い）が降りてきている／＝エネルギーの世界（高い次元）から、たくさんの創造の種が舞い降りてきている／＝自由な発想の種が与えられる／＝活気のあるエネルギーに照らされている／＝内側から多種多様なエネルギーが湧いている／＝人を彩るものが与えられている／＝愛の溢れる創造性が、すべてを飛躍させていく／＝無から産まれる偉大なものを連想させる／＝どんどん自由に形を変える新しい世界を、産み出していける／＝多くの可能性を秘めている／＝暗い重いエネルギーも上昇させる変容の力が描かれている／＝どんなに低いエネルギーも、一瞬で軽やかにして、高い波動のものに変えてくれる魔法のような力

親和∞解∞放∞

★親しい和の中で仲良くなれる★
【程よい「距離感」で優しく過ごせる】

「余計なものが何も無い状態なので
すべてが程よくて心地好い関わり」
無駄なく問題なく作用し合えて
付かず離れず【最高善な和】になる
…「親しさの本当の意味」を知る
…「あらゆる和の意味」を理解する
お互いの心の家を「守護できる」
お互いの心の家に「踏み込まない」
家族でも各々の【心の家】を尊重する
優しさや思いやりが「無償の愛」へと
【最高善のおもてなし】に「進化」する

調和∞統∞合∞

★自然はすべて「調和」している★
【自然の「統合」を学ぶ（真似ぶ）】

「自然体が【最高善の調和】である」
「呼吸に集中」して「意識を解放」
＝決して【油断していない】状態
自然には、「程よい緊張感」があり
いつも「研ぎ澄まされている」
…天地【創造の力に感動】する
…人間の【完璧さに感激】する
…宇宙の【仕組みに感心】する
ありのままが一番の「美徳」になる
＝自分の【生命の調和】に目覚める
誰もが「最高スペック（調和）で誕生」

平和∞感∞謝∞

★悟りレベルの高い意識＝平和★
【穏やかな心の平和を至福と呼ぶ】

「高次元では、いつも【平和】だから
すぐに繋がれる（直結する）感覚」
「今を満たす」ことが【一番の平和】
…この【瞬間に感謝】できること
…この【生命に感謝】できること
…この【世界に感謝】できること
本当はみんな【平和】の中にいる
平和は「自分の中から創り出せる」
人は「足りないと外に求めて」しまう
人は「足りないことに決めて」しまう
まずは【内なる平和】を創り出そう

～「平和」のエネルギーを読み解く～

PEACE＝親和・調和・平和・・・／目を惹く大きな白い胸像が立っている／胸のハートから巨大な花が咲いている／花の中心は目になっている／ひまわりのような花の目（太陽のような輝きの瞳）に、水が流れていて潤っている／強い心の上に美しく咲き誇っている／まっすぐに伸びている／視野が広大な状態／＝遠くまで、先の先まで、見通せている（透視能力まで感じさせる）／＝先見の明があり、明晰さも感じさせる／＝平和のシンボルとして聳え立つ白い胸像は、注目を集めている（影響力がある）／＝強く美しいものは、優しさや癒しを持った心から産まれる／＝常に目覚めていないと、大切なものを見失うことを伝えている／＝言葉ではなく、シンボルとして魅せていくことに意味がある／＝瞳は嘘が無く、潤いを持ち、真実を伝えてくれている／＝太陽のような温かい眼差しで、すべてを癒している／＝どこに焦点をあてるかも大切なことだが、全体を優しく見つめることも、大切だと教えてくれている／＝すべてに愛を与え続け、油断がない／＝揺るがず、今ここに、瑞々しく咲く

選択∞解∞放∞

★「選択の力を強化」していく★
【自分の「信念を最強」にしていく】
「自分の選択に責任が持てること」
誰も何も「代わってくれない」ことを
ちゃんと意識して「自分で選択」する
→自分の【本心が選ぶこと】を尊重
…誰かの声に惑わされていないか？
…誰かの為やせいにしていないか？
…皆の「喜びになる選択」なのか？
「無理も我慢も遠慮もしていない」
曇りのない【晴れやかな選択】にする
「自分の選択」を【心から信頼】する

決断∞統∞合∞

★「決めて断つ」ことの真の意味★
【たった一つに決めて他を捨てる】
「唯一無二の存在としての決断」
【唯一無二の価値】を上げていける
…選び抜いていける「過程」がある
…選び抜く「責任と覚悟」がある
「選ばれた価値」に【感謝】できる
「比較・分析、判断しない」ように
直感で「たった一つを選んで」いく
「決めたものだけ」を真っ直ぐ観て
捨てたものは「もう、観なくていい」
【潔く、シンプルに】生きていける

責任∞感∞謝∞

★「想い」に責任を持って生きる★
【自分の「責任」で人生を創れる】
「誰も何も悪影響にしない」という
【真の責任感】があることを識る
自分の責任は「最後まで自分のもの」
誰のものでも誰のせいにもならない
…「自分でしか創れない」現実
…「自分の責任」でしか動けない
何が起こっても、起こらなくても、
自分の【感受性の責任】が持てる
自分の「思い通り」を大切にしつつ
「想像以上の展開」に挑んでいける
真心を開いて【魅せる責任】がある

～「選択」のエネルギーを読み解く～

CHOICE＝選択・決断・責任・・・／大きなピンクのハットをかぶった紳士が、力強く前進している／初めの一歩が力強い／踏み込んだ足元には、ブルーのはじけるエネルギーが振動している／向かって左腕には、若葉の茂った大きな木がある／胸に黄金の輝きがある／紫の矢印が右に向いている／頭には大きなチョイスの文字が描かれている／人が何かを選択した瞬間をとらえた姿／＝強い意志の現れ／＝内側から黄金のパワーが光り輝いている／＝地に足がついた選択をしている／＝自信と責任を持った決断になっている／＝もう迷いのない状態／＝前だけを見て進める／＝奉仕や貢献にも目が向いていく／＝新しい展開や新しいステージ（次元）を、迎え入れている／＝意識が高まっているので、進化と変容が早まっていく／＝潔い選択をし続けることで、様々な浄化作用があり、様々な恩恵（収穫）を得ていける／＝選択の力が増して、多くの人への影響力も高まっていく／＝多くの信頼を得て、責任を果たしていける／＝より偉大なことを成していける

ハートを開く∞解∞放∞

★すべてを「オープン」にしていく★
【心の「風通し」をよくしていく】

「真実の心は、いつも【開いて】いる」

自意識や無意識が心を覆う（奪う）
「過去やトラウマ」の再生を「怖れて」
心や身体（自分自身）を【覆い隠す】
…何を「怖れて」いるのか？
…何に「縛られて」いるのか？
…何が一番の「抵抗（嫌）」なのか？

【オープンで純真無垢な心】は一瞬で
世間の情報で「傷ついた」と勘違い
↓
真の自分に繋がると「もう傷つかない」
↓
真心は【愛そのもの】＝「怖れはない」

瞑想∞統∞合∞

★真実の自分と「繋がる」行為★
【神聖な自分を「招き」入れる】

「自分という【枠や制限】を超える」

もう小さい世界では生きられない
もう自分の枠では収まりきらない
すべての「生命の尊さ」に感じ入る
自分の「価値や自尊心」が高まる
「自他の溶解」があたりまえになる

【神聖な創造性】と「繋がっていく」
奇跡も魔法も「いつも起きている」
【すべてうまくいく】と信頼できる
「怖れが幻想だ」と、はっきり分かる
【愛と光の輝き】がどんどん強まる

目覚め（覚醒）∞感∞謝∞

★油断なく「目覚めて」いける★
【覚醒があたりまえになっていく】

「気づく＝覚醒で人生が激変する」

そういうことだったんだ！
「全部つながっていた」んだ！
ちゃんと「続き」もあったんだ！

自分の本心への敬意＝【真の謙虚さ】
「天の采配」への信頼＝【真の信頼】
「全貌」がみえてくる＝【真の理解】

「真の自分として活きて」いると
日々覚醒して【進化と変容】になる
もう「油断することもなく」なって
逆に「警戒することもない」から
自分を信頼できる＝【自信になる】

～「ハートを開く」エネルギーを読み解く～

OPENNESS＝ハートを開く・瞑想・目覚め（覚醒）・・・／四角い箱がぱかっと開いて、中から魅力的な白光のエネルギーが溢れている絵／ど真ん中のピンクハートにかけられていた鍵が開いた状態／ピンクハートの上から激しい光がはじけている／白い円は様々な気持ちのシンボル／こちらに向かって気持ちのボールが投げられている／実りのある緑の芝生／上下左右を塞いでいた壁面が、これから崩壊していく／全方向に解放される一歩手前の図／センター前面の白い鍵はいろんなものをオープンにしてくれる象徴／＝心を開くと、色々なものが自分の中から溢れ出す／＝逆に、入ってくるものも増えてくる／＝解放感がどんどん増していく／＝常に、深呼吸を意識できる／＝魅力も影響力も放たれていく／＝意志の疎通が早くなる／＝誤解も少なくなる／＝無邪気で無防備で無計画でも油断なくいられる／＝より好い展開が増えていく／＝より新鮮なものに目がいく／＝自分自身の刷新力も高まる／＝自由自在に思う通りの言動ができる／＝ありのままの美徳

心配しない ∞解∞放∞

★「今、ここにない心配」は手放す★
【何も「起っていない」のに心配しない】

「心配の予習はしなくてもいい」

悩みも不安も心配も取り越し苦労
先に予習したら、「逆に引き寄せる」

それでも「心配したい」ときもある
心配することも【好き】でやっている

…したいときには「心配していい」
…その「流れを楽しんで」みよう
…その「優しさを受け取ろう」

【心配したことを心配(後悔)しない】
後で【全てを解放】できる時がくる
やりきったことで「すっきり」する

幸せ感度上昇 ∞統∞合∞

★「感受性の責任」は自分でとる★
【幸せは「自分だけの感情」だから】

「幸せ感度を【上げる秘技】がある」

=【ささやかな幸せを感じる能力】
「誰もが皆持っている力」を活性化

…幸せは「自分にしか解らない」
…誰にも「代わってもらえない」

心の底から「幸せ」に感じ入ってみる
「今、ここにある幸せ」を感じてみる

自分の「感受性を見直して」
【感受性の責任】を「持ち続ける」

他人の感受性のせいにしないで
責任を持って【自分を幸せにする】

今の完璧さ ∞感∞謝∞

★「自然の摂理」には完璧さがある★
【宇宙も「世界」もよくできている】

「今の完璧さを【信頼】し続ける」

その出来事があってわかった！
「その時の完璧さがある」と思う！

…その「強い思いが必要」だった
…「全てが繋がって」理解できた

ヒトモノコトには【深い叡智】がある

善悪、優劣、陰陽(光と闇)…
勝ち負け、成功と失敗…
【両極からの学びと導き】を得る

すべて「統合させると昇華できる」
その【完璧な流れ】に気づいていく

17 DON'T WORRY BE HAPPY, EVERYTHING IS PERFECT

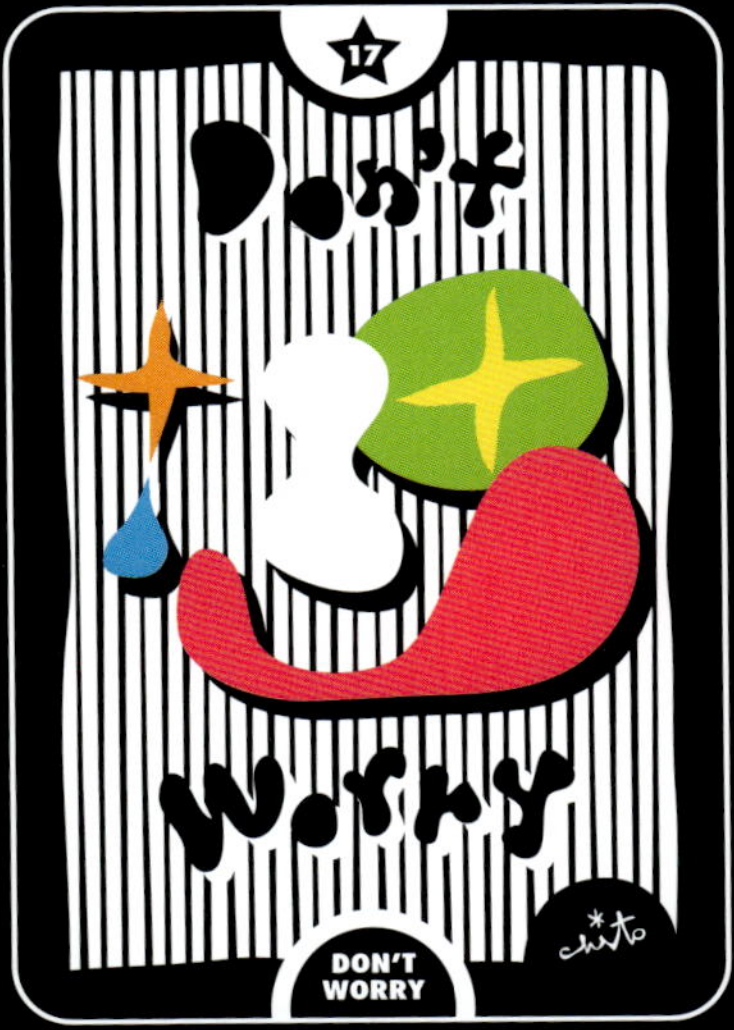

～「心配しない」エネルギーを読み解く～

DON'T WORRY～＝心配しないでハッピーでいよう、すべては完璧だから・・・／ピエロは、顔で泣き笑いして、様々な感情をユニークに表現する／善の象徴の白い背景に、黒い縦ストライプで、不安や悲しみや挫折やトラウマ等があることを連想させている／表情は見る人によって、悲しくも楽しくも視える／両目ともプラスになっている／目も鼻も口も柔軟性のある形／顔のパーツのすべてに影がある／＝どんなことが起っても起らなくても、今の完璧さがあることを理解する／＝道化師とは、色んなものを抱えながらも、人を笑顔にするために、あえて愚者を演じ、その魅力を放っている／＝愛に基づく行動がすぐにできる／＝笑い飛ばせることが、たくさんあることを教えてくれている／＝心配があっても、笑顔で乗り切れる／＝どんなに辛いことがあっても、そのまま同じ状況が続くわけではなく、常に変化し続けている／＝さらに続きがあることや、その瞬間がすべてではないことを物語っている／＝白黒の世界に彩を添えることで一変する／＝今、ここにない心配を創る必要はない

従うこと ∞解∞放∞

★「浮かんでくる感情」に従う★
【どんな感情にも「今だから必要」な
「深いお知らせ」が潜んでいること】
「否定しないで【受け容れて】いく」
どうしても「違和感がある」ときは
「次の感情が流れてくる」のを待つ
…何度も湧いてくる「感情」がある
…嫌な気持ちになる「理由」がある
感情に溺れず【水に流して】いこう
【抵抗を外していく流れ】を創れる
「抵抗すると蔓延る」ことが分かる
「感情から距離をとる」イメージで
どんどん【流して綺麗に】していこう

本当の心 ∞統∞合∞

★「観ないでいた本心」と向き合う★
【見え隠れしている「本心」に気づく】
「本心はいつも話しかけてきている」
いつも、話しかけてきてくれても…
「観たくない聴きたくない」が先立つ
＝「自分で蓋をしている」ことが多い
…何を、誰を、「怖れて」きたのか？
…過去や何かに「追われて」いる？
…「優先順位を無視」していないか？
今、ここにいる「自分と話してみる」
今、ここから「始めたいことを聴く」
今、この「自分」の【本心に語らせる】
全て解放して「自然になれる自分」
全て観てきた【本当の自分の表現】

自分自身 ∞感∞謝∞

★「自意識」と「無意識」と話す★
【自分を創っている「意識」との会話】
「過剰反応してきたヒトモノコトに
【無責任に判断】していたと気づく」
「勇気と自信がなかった」から…
「怖くて仕方がなかった」から…
「意味がわからなかった」から…
自分を、一番、「信じていなかった」
「知らなくていいこと」にした
「解らないこと」にしていた
逃げて避けて「他人事」にしてきた
迷って惑わせて「不明」にしてきた
嘘やごまかしで「無実」にしてきた
全て【真の自分と出会う】為の流れ

～「自分の本心に従う」エネルギーを読み解く～

FOLLOW YOUR HEART＝自分の本心に従う・・・／同じシルエットのシルクハットの男性／ふたごのように並んでいる／身体の中で色んな感情が動いた後の図／言葉として発せられる一歩前の絵／口のところまで思いが上がっていない状態／お腹あたりから思いがどんどん上がっている／＝本心の声をちゃんと聴けるようになる／＝色んな気持ちがあがってきているので、今の気持ちを選ぼうとしている／＝わかりやすい気持ちが一番強くなる／＝自分の中に様々な自分がいるから、自由自在に発言できる／＝どんな表現も今のリアルな気持ちとして、そのまま発信／＝分析も判断もしないで、どんどん本心に語らせていく／＝本心は語れば語るほど、シンプルになっていく／＝嘘やごまかしが産まれると、それを補うものや覆うものが必要になる／＝本心と過ごせると、常にクリアなエネルギーでいられる／＝本音と建前のふたりの自分がいることを許容／＝どんな気持ちも愛おしんで受容していく／＝素直で無邪気になる／＝真の自分への感謝が溢れてきて、とまらなくなる

流れ∞解∞放∞

★「自分で決めた流れ」を手放す★
【天の采配を信頼して任せていく】

「常に、大きな波がきていることに
気づいて、受け容れて、乗っていこう」

乗りたくても乗れない波があった
…「まだ早い」と思っていた
…「ふさわしくない」と思っていた
…「もっといい波がくる」と思っていた

【真の自分】への「敬意」を見直せたら
【真の価値】に気づいて受容できたら
【真の謙虚さ】を「身につけて」いたら
もっと「早く好い波に乗れていた」
それでも、なんでも、どうしても…
【今、乗れる流れ】にも「意味がある」

与える∞統∞合∞

★「自分のすべて」を与えていく★
【自分の価値を認めてから与える】

「自尊心(=自分への敬意)を持って
心から与えていくことの深い意味」

自分の価値を認めていない状態で
与えていたら「逆に、失礼」になる
相手の価値まで「否定することにも
なりかねないこと」に「気づこう」

【価値あるもの】だから、与える
【自信のあるもの】だから、与える
【心底から流れる愛】だから、与える
何においても「敬意」を持っていないと
何に対しても失礼なことになるから
全てに【真の尊敬】を「与えて」いこう

受け取る∞感∞謝∞

★「天からの恩恵」を受け取る★
【すべて与えられていることに感謝】

「宇宙は惜しみなく与えてくれて
すべてを満たしてくれている」

ただ【受け取る】だけなのに、拒む
「ありのままを受容する」だけなのに
それでも、なんでも、否定し続けて
自己肯定感を「低くし続けて」いる

皆、「今生の命としての最高スペック」
=【完璧な状態で誕生】している
【真の価値】を承認して「受け取る」
【神聖な自分】と繋がっていたら
「否定も、枯渇も、ありえない」

19 FLOW・GIVE・RECEIVE

〜「流れ」のエネルギーを読み解く〜

FLOW＝流れ・与える・受け取る・・・／大きな愛が頭上に王冠をのせている／ピンクの巨大ハートの上から、どんどん良質な【流れ】が溢れ出している／白い円の動きは、最善の流れを清々しく魅せている／センターに黒い流れがあるのは、一瞬の悪を連想させながらも、この流れもあるから、豊かな流れになっていることを魅せてくれている／浄化される流れも、この黒い流れがないと解らない／＝自分の流れもリズムも、自ら創り出していける／＝自分の源に、【愛の流れ】が自然に湧いていることを、実感する／＝愛は、誰の中にも、どこにでも、大小問わず、溢れ、流れ続け、とまらないもの／＝愛が流れると、どんどん綺麗になっていく／＝一日でも、一瞬でも、すべてを満たす偉大な愛／＝ただ、その流れに気づくだけで、多くの問題解決に繋がる／＝大きな流れに乗るということは、その愛のままに生きるということ／＝人は多くの水分でできているので、生命の流れも意識して、そのリズムにも合わせて、波に乗れるといい／＝命あるものの尊さや存在価値を教えてくれている

浄化∞解∞放∞

★自分の感情は自分だけのもの★
【他人の感情までもらってこない】
「自分の感情も、相手の感情も・・・
【無意識に混同して】しまっている」
皆、自分の【心の家】を持っていて、
その領域に、勝手に侵入することも
されることも、本来、誰も望まない
いつの間にか「人の領域に入っている」
いつの間にか「奪い奪われたりする」
意識して「戻して、返してもらう」
【浄化】とは、そういうことでもある
各々の心にいる「様々な自分」を識り
【必要な部分だけで触れ合える】と
人と「より善く作用し合う」と気づく

進化∞統∞合∞

★意識を「拡大して進化」させる★
【意識の「次元」をどんどん高める】
「高い次元から俯瞰しているように
【多角的に】心を動かしていく」
色んな「角度や、尺度や、温度で」
今の状況を「見つめて、観て、視て」
考えるよりも、ちゃんと「感じて」
その先もその奥もその上も・・・
言葉よりも、気持ちを「感じて」
現象よりも、背景を「思い測って」
人は【集合意識で繋がっている】から
神聖で良質なエネルギー交換が可能
「異なる次元（視えない世界）」では
すべて【最高善に統治】されている

変容∞感∞謝∞

★意識の「変容と次元上昇」★
【意識も「次元も超えて」加速する】
「今の自分を超えて【刷新】される」
今までの自分の枠を壊していける
今までのステージを卒業していける
「錬金術のような展開」になっていく
【自分を超越】した「世界」が現れる
【自他を溶解】した「解釈」が顕れる
純粋な潜在意識が【覚醒】していく
自分の世界が「変幻自在」になり
【常に昇華していく展開】を描ける
今こそ【真の美徳】を魅せていく

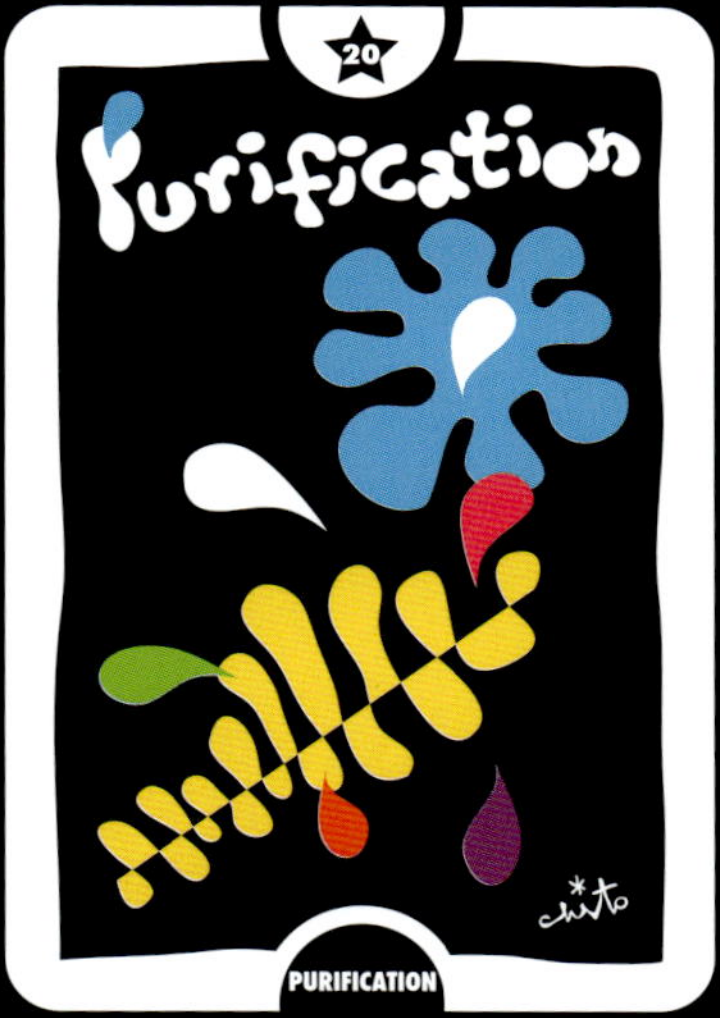

～「浄化」のエネルギーを読み解く～

PURIFICATION＝浄化・進化・変容・・・／カラフルな蜜を持った植物から、多方向に蜜がこぼれおちている／次元を超えたところから、絞り出されてきたエネルギー達／水色の八方向に絞り出されている変幻自在のエネルギー／浄化のシンボルとして浮上している／その真ん中に雫が湧き出て上昇している／黄金の蜜を持った大きな植物(生命)は、非金属から黄金に変容したもの／錬金術を連想させる光景／金属からカラフルな蜜がでている奇跡(魔法)／浄化の文字からも雫が上に飛び出している／＝あちこち飛び交うエネルギーを適材適所に戻している／＝各々が本来の居場所に気づく／＝浄化が完了する直前のパワフルな状態／＝滞り、偏り、拘り、隔たりが、膿み出しされている／＝余計なものが削ぎ落とされていく／＝別の何かに大きく変容していく流れ／＝過去も、すぐ過去になる今にも、執着しない／＝どんどん産まれ変わって、変容の儀式を繰り返す／＝人生がさらに豊かになっていく流れ／＝加速度も幸せ感度も増して、真の美徳が現れる

力∞解∞放∞

★「余計な力」はぜんぶ手放す★
【必要以上に力が入ると停滞する】
「程よさを身につける【力】がある」
【力】は、それだけでは善悪もなくて
大小も強弱も長短も「思い」が創る
【力】に、どんな「思い」を加えるかで
「自由自在に動かす」ことができて
「思い通り」に「現実が動いて」いく
【真の力】は、何も、加えなくていい
＝ただそこに凛と咲く花が「力強い」
…【引き寄せる力】になる＝「引力」
…【魅せる力】になる＝「魅力」
ありのままで【美しく輝く力】がある

芯・真・心∞統∞合∞

★真ん中（芯）に「力を集結」する★
【本当の自分と「繋がっている」状態】
「人は、自分の身体（意識）の中心に
いつも【力】が入っているから立てる」
中芯、中真、中心に【力を集結】する
＝エネルギーセンターや心身が「調和」
…真ん中（中心）に「真の力がある」
→「一番、力強く安定する」状態
…真ん中（中心）を【明け渡す】こと
→「一番、余計な力がない」状態
【力強い自分】を「全身で感受」できる
地に足がついた状態で「天と繋がる」
【神聖な自分】が真ん中に「降臨する」

魅力・能力∞感∞謝∞

★真の力（＝魅力・能力）を理解する★
【全て「最初から備わっている」力】
「与えられている唯一無二の命＝力」
誕生時から誰もが持っているもの
…本来、加えるものではない
…【そのままで凄い力】がある
「引き出していける」ものである
「思い出していける」ものでもある
唯一無二の価値＝「魅力・能力」等を
【感謝して受け取って】放てばいい
歳を重ねながら【高めて】いける
経験を積みながら【磨いて】いける
どんどん「可能性の扉が開いて」くる

～「真の力」のエネルギーを読み解く～

STRENGTH＝力・芯（真、心）・魅力（能力）・・・／ゴールドの光を放っている／ハート顔の天使／ハートの腰掛けに座っている／身体は花の茎のようになっている／天使の羽は背景になじんでいる／背景は薄いブルーの陰陽の市松模様／＝真の力は愛でできている／＝地球から力を受け取っている／＝善悪（陰陽）の両方が必要で、バランスのとれた視点を持つ／＝愛のある目でヒトモノコトを観る／＝魅力を持った人はそこにいるだけで輝く力がある／＝感謝と祝福を与えると偉大な力（才能）が開花／＝陰陽が統合すると魅力（影響力）が昇華／＝進化＆変容を起こす力が備わる／＝愛の力に目覚める／＝腰を据えて「待つ力」もできる／＝もう怖いものは何もなく、すべてを信頼する力が強まっている／＝心身が調和する力加減を心得ている／＝真の力を持つ人達は、背中に羽をもっているかのように、思い立つとすぐに浮上し、どこにでもいける／＝多種多様な命の力を集結することで、無限の可能性が開かれる／＝人と力を合わせる事で、各々の価値も高まる

冒険∞解∞放∞

★「未開拓の領域」へと旅すること★
【未知なる体験を探し求めている】

「心が【感情の冒険】をしたがっている」
→リスクを冒してでも「克服したい」
…「安全ゾーンから脱出」したい
…「新しい自分」に刷新したい
…「知らない世界」を観たい

「今の自分の枠」に収まりきらなくて
【これまでの価値観を手放す】時期
自らに課してきた「制限を外して」
「真実の自分」を【拡大していく】時期

これまでと違う「やり方、感じ方」
これまでと違う「選択、決断、次元」
殻を破って【偉大な自分にする】機会

突破・超越∞統∞合∞

★内側からの「最強刷新パワー」★
【挫折から始まる「突破」への流れ】

「自分の本気本物本質に還る儀式」
→【底力】を引き上げるための「試練」
目覚めていないと最悪の事態を体感
=「自己崩壊」を感じて「ゼロになる」

…だからこそ【突破】できる
…だからこそ【超越】できる

別人になるくらい「進化」する
【本気本物本質】が「再起動」する

もう「怖いものがなくなって」いる
もう【愛そのもの】で生きていける
産まれ変わった様に「活かし直せる」

勇気・自信∞感∞謝∞

★内なる「情熱が後押し」する★
【愛と成幸を体験する勇気・自信】

「自分を信じる勇気が湧いている」
→真の成幸(成功)を具現化できる
一歩前にある【進化した信念】を
心から承認して自分のものにする
=自分の信実を勇気を持って受容

…その先に進む【勇気】を出せる
…その上に昇る【自信】を創れる

遠慮なく【高見】に「昇華していく」
無理なく【深見】に「浸透していく」

広く大きく「分かち合って」いける
全体性(無限)に働きかけていける

～「感情の冒険」のエネルギーを読み解く～

ADVENTURE＝冒険・突破・勇気・・・／緑の高い山がそびえたつ／緑の道路にも視える／高い場所に巨大な黄金の光が輝いている／右に天に昇る白い梯子がある／左に降り注がれている水のようなブルーのグラデーションの光／冒険の文字の上から高貴な紫のハート（中心に善の光の白いハート）が湧き上がっている／左斜め上に向かって大きな白い矢印がある／＝感情の冒険がしたい／＝高いところに昇っていきたくなる／＝遠いところに行ってみたくなる／＝実際の冒険よりも、心の冒険の方を求めていることが多い／＝過去にも未来にも行ってみたくなる／＝過去を浄化する冒険が深い／＝ブルーの光は浄化のシャワー、矢印は過去の方向に向いていて、過去の価値を上げている／＝紫の高貴なエネルギーを持ったハートは、高次元からお知らせがきていることを伝えている／＝心の冒険ができると、高い意識に導かれて、すべてを突き抜けていく／＝次元上昇して、空の深さ（心や感情の豊かさを知る為のシンボル）を観て探求することも連想できる

許容力 ∞解∞放∞

★他人も自分も「許す」力★
【許し容れるという偉大な力】

「許しは【人生最大の課題】である」
許せない想いが引き寄せる「不運」
許せない想いが「負の連鎖」を創る
批判や裁きを産み、「分離」になる
厳しさや頑さを産み、「固執」になる
…許せると【劇的に変化】する
…許せると【すべての解放】がある
他人も世間も全世界も(=自分も)
「責め続けていたこと」に気づける
誰も何も悪くないという見解を得る
【感受性を見直す】と「全て許せる」

受容力 ∞統∞合∞

★寛く大きく「受け容れる」力★
【自己肯定感&自尊感情を高める】

「唯一無二の価値に対しての確信」
「今、ここにあるすべて」を受容する
…自分の「起こしている現実」
…自分の「生命、家族、環境、世界」
…自分の「才能や経験や人生」
自分で自分に「与えてきたもの」を
「感謝」して「受け容れ直して」いく
自分の【感受性に責任】を持ち直す
【自己受容】して「自分を愛せる」と
他人も、地球も、世界も、宇宙も…
【全て受容】して「価値も高められる」

包容力 ∞感∞謝∞

★すべてを「包容できる」力★
【絶大なる「包容力」を身につける】

「自分の心や脳の【器を拡げる】力」
↓「人としての器」も大きくできる
内と外の【世界を拡大】していく力
…受け容れると同時に「拡大する」
…価値も可能性も「広がっていく」
受け容れれば受け容れるほど…
自分の「受け皿(器)が広がる」現象
=宇宙が膨張を繰り返す説と共鳴
無限大の可能性(=宇宙)の中にいる
【絶大なる包容力】を育んで
「自分という宇宙を拡大」していく

～「許容（＝許し）」のエネルギーを読み解く～

FORGIVENESS＝許容・受容・包容・・・／太陽の上に許しの文字がある／許しの文字から涙がこぼれおちている／黄色い人が天に許しを求め、手を大きく上に挙げて、広げている／人影が黒く濃く存在感を魅せている／許しを求めた瞬間に、左手に双葉が育ち始めている／これからもどんどん豊かに育まれるであろう若葉が、とても力強く伸びている／許しから晴れと雨の天気が、左右にシンボリックに描かれている／＝太陽に照らされて、許された気持ちになる／＝雨のような浄化があって、許しを受け容れられる／＝涙を流せることで、多くの解放が自然に起こる／＝人の光と影があって、どちらも存在価値を増していく（どちらが欠けても成り立たない）／＝左手は人間関係と繋がるので、そこに何か新しい芽ができ始めている／＝芽は実や花をつけることで、進化や変容が起こる／＝豊かさの収穫があることも予感させる／＝空模様（天の気持ち）は、心と密接な関わりがあり、変容の美を魅せてくれる／＝どんな天気も、どんな気持ちも、すべてが愛おしくなる

奇跡・未来∞解∞放∞

★奇跡は「頻繁に起きている」★
【未来も「奇跡の連続」になっていく】

「今、ここにある奇跡を受け容れる」
＝自分の【生命こそが奇跡】の象徴
毎日「起き上がって歩いて」いる
毎日「呼吸して言葉を話せて」いる
毎日「変化と進化に満ちて」いる
「未来は、誰にもわからない」から
今、【生きている奇跡】に感謝する
「信念を強く逞しく」していけると
さらに【不可能を可能に】できる
奇跡は「宿命も運命も超えて」いく
【真の天命】を生きることができる

魔法・未知∞統∞合∞

★純真無垢の「愛が魔法になる」★
【純粋な「エネルギー」が魔法を産む】

「産まれたばかりの生命と才能に
【無限大のパワー】が満ちている」
純粋な「遊び心と創造性」を活用
「ありのまま＝素」でいるからこそ
いつも自然に【魔法】が使えている
素直に、心の底から望んだものは、
「無条件で、すぐに、叶えられる」
無理も我慢も遠慮も「油断もなく」
絶妙なバランスで【魔法】は機能する
【未知なる世界】に足を踏み入れて
「あらゆる可能性を開いて」いこう

神託・神懸かり∞感∞謝∞

★いつでもどこでも「神託を得る」★
【人は本来「神懸かりな存在」である】

全て「闇の中から誕生」している
全て「光（＝真の愛）の存在」である
両極の聖なる結合（＝統合）から
【神聖な自分】（＝全知全能）の誕生
【最幸最善最愛最強の自分】が閃く
…「何もかも超えて」いける
…気高く潔く【美徳を魅せる】
依存でも執着でもなく（手放して）
【偉大な宇宙】や神聖さに任せきる
内なる【真の自分】が目覚めていく
「自らの輝き」で未来を照らしていく

～「奇跡」のエネルギーを読み解く～

MIRACLE＝奇跡・魔法・神託・・・／思考の王冠をかぶった白い人／思いのシンボルが膨らんで動き出している／地球の上で作用し合っている波動／地球を超えて宇宙に届く勢いで、膨張を繰り返す／白い雲がかかっている／奇跡の文字もほんのり右肩上がり／利き手が伸びて大きくなっている／＝思考が願望成就に影響を与えている図（現実を創り出している）／＝人も思いもエネルギーでできていることがわかりやすくなっている／＝自分の願望も、リズムも、輝きも、名誉も、恋愛も、仕事も、人間関係も、全て自分で動かしている／＝本当は、地球を超えたところで、起こっていることが多い／＝奇跡はいつもあたりまえに起きている／＝魔法を使えることもみんな知っている／＝奇跡も魔法も起こさないように信じない時がある／＝信じているからこそ、信じすぎるからこそ、疑う時がある／＝奇跡も魔法もあたりまえになると、神懸かりなことが頻繁に起こる／＝だんだん自分がパワースポットになっていく／＝いつも神聖な自分と繋がっていることで、すべて満たされる

リーディング∞解∞放∞

★内なる真実(真理)の声を聴く★
【神聖な声はいつも「降りて」くる】

「本来、【誰もが持っている】能力」

考えないで、【感じ入って】みて、
空も風も音も「色々読んでいける」

…【五感総動員】していく
…【超直感】が開いていく

鍛えれば鍛えるほどに、「育まれる」
磨けば磨かれるほどに、「輝ける」

学べば学ぶ程「既に持っている」と悟る
→気づけると【さらに活性化】する

「自分の才能」を活かせば活かす程
唯一無二の存在価値が【読み解ける】

ジョイニング∞統∞合∞

★意識して「繋がり直して」みる★
【自分を「超えた自分」との繋がり】

「目の前の人と【魅せ合って】いる」
→「ご縁」と【繋がり】を実感できる

…「潜在意識で繋がっている」こと
…「無意識の集合意識がある」こと

「色んな次元で繋がっている」から
測り知れない【智慧や恩恵】がある

作用し合って成立するものがある
影響し合って成長できることがある

共存共栄、適材適所、相乗効果…
相思相愛、以心伝心、素敵連鎖…

【一人ではできないこと】が沢山ある

ヒーリング∞感∞謝∞

★「癒し」が芯(心)に届いていく★
【真の癒しは「自分を許す」こと】

「純真無垢な自分に戻していく」

頭を使い切って、傷つく理由を探す
頭よすぎて、更に、深追いしていく

…本当は、誰も「傷つけていない」
…本当は、誰も「傷ついていない」

傷口を開くことも「幻想」になる

【自分の真ん中にいる人】は
傷つくことも傷つけることも
「できるはずがない」と知っている

「頭を解放」して「心から許す」と
【真の癒し】が自分の「芯に届く」

～「ジョイニング(繋がり)」のエネルギーを読み解く～

JOINING＝読み解く・繋がり・癒し・・・／入口がカラフルな山に向かうトンネル／黒い雲がかかっている／その上にオレンジの太陽が瞳のように覗いている／奥に三日月が寝そべっている／トンネルは緑の道のようにも視える／＝誰かや何かと繋がっていたい思いが強く深くある／＝手を伸ばせそうで、伸ばせていない／＝最初は見通しがいいのに、中に入ると先が見えない不安がある／＝相手と繋がるようで、本当の自分と繋がっていく感覚がある／＝闇を超えてこそ、晴れていく意味がある／＝目標が高い方が価値が上がるような気がする／＝女性性と男性性の調和に辿り着く流れ／＝すべてを受け容れられると神秘性が閃いてくる／＝人の瞳をみていると吸い込まれそうになる／＝本当の自分と繋がると「怖れ」がなくなる／＝意味が解らないことにして、おさめる／＝難しくしていることが沢山あることに気づく／＝なんの隔たりもなく、分け隔てなく、愛せるようになる／＝遠くに置き去りにしてきたものに気づく／＝心の距離は自由自在になる／＝覚醒が起き始める

ロマンス ∞解∞放∞

★最愛の人に「ロマンス」を与える★
【神聖な「ロマンス」が起こってくる】
「エゴのない【神聖な愛】にしていく」
＝全てを思いやって愛を流していく
…相手に「敬愛（＝最愛）」を贈る
…自分もその愛で「満たしている」
人を思いやって「愛を与えていく」と
同時に【自分にも与えている】ことに
気づけるので、素直に「受け取れる」
→「愛の循環」が自然になっていく
とても甘い純粋な【美徳のある愛】
「笑顔」という【無償の愛】を与え合う
＝一瞬で「すべてを愛で満たせる」
深い強い【尊い愛】が連鎖していく

豊かさ（恩恵） ∞統∞合∞

★「真の豊かさ」を受け取れる★
【豊かさの「循環を意識」できる】
「今、ここにある【豊かさ】に気づく」
→【恩恵】に、気づけば気づくほど
豊かさが増して、【循環】していく
…今、ここにある「幸せに、気づく」
…今、ここにある「喜びに、気づく」
「今、与えられている」ヒトモノコト
その全てに「感謝と敬意」を与える
すべてが【命の豊かさ】から始まり
「繋がり続けている」事を実感する
豊かさは「進化しながら循環する」
「自然」に与えられる【恩恵に感謝】

素敵な驚き ∞感∞謝∞

★「ご褒美」がもらえる機会★
【これまでの「報酬」を受け取れる】
「人生には【素敵な驚き】がある」
＝与えてきたものが「実り」となり
さらに大きくなって「還ってくる」
…努力を楽しんで継続してきた
…いつも誰かを「思いやってきた」
【神聖な自分】が「観ていてくれる」
天も地も人もちゃんと感じている
「深いところで全て繋がっている」
…想像を超えた【ご褒美】がある
…想像を超えた【驚き】になる
【想像以上の展開】が増えていく

～「豊かさ（恩恵）」のエネルギーを読み解く～

ABUNDANCE＝ロマンス・豊かさ（恩恵）・素敵な驚き・・・／クリスマスツリーのような光のオーナメントの集合体／カラフルなエネルギーがピラミッドパワーを発する／上からカラフルな光が降りてきている／雪の結晶のように、同じ形のものが綺麗に並んでいる／光のシンボルが、水という字に観える／＝降り注ぐ恩恵に、ちゃんと気づける／＝ロマンスも恩恵も奇跡も、わかりやすく現れている／＝古い考えや思考パターンを解放できる／＝同じもののようで違うものに、目を向けるチャンス／＝決め付けていることにも、気づく機会／＝すべての恩恵に、今の自分の感受性で気づく（受け取る）／＝積み重ねているものを感じ直してみる／＝同じパターンの繰り返しから脱出できる／＝想像以上の驚きがある／＝今まで頑張ったご褒美がある／＝素敵な驚きが待っている／＝恋愛や友情に発展する関係の出現／＝未来への導きがある／＝新しい展開に心を開いていく／＝価値を賞賛する関わりが増える／＝誤解が解けて和解に導かれる／＝全てが報われる出来事がある

執着を手放す ∞解∞放∞

★「考え過ぎている」ことを手放す★
【頭ばかりを働かせていたことに
「心で感じ入って」気づいてあげる】
「執着していることは【頭の中】にある」
「真に感じたいことは【心の中】にある」
このズレを「正す&直す旅」をしている
→正直な「本心（真心）」を取り戻せる
…頭が【分析していた事】は何？
…頭が【判断していた事】は何？
分析も判断も「過去からのもの」で
今を苦しめているのは「過去の自分」
自ら創り上げた「罪悪感&嫌悪感」で
幾らでも【過去（幻想）】に縛り付ける
【真実】は「誰も何も関係していない」

妥協しない ∞統∞合∞

★「妥協しない」ことの真の意味★
【本当に「妥協しないということ」は
拘ることや諦めないことではない】
「自分の味わいたい気持ちを認める」
「自分の幸せ感度の上げ方を識る」
現実に起こっている事は「思い通り」
→次は【想像以上の展開】を選ぶ
味わいたい気持ちから「現実が動く」
今の幸せの感じ方で「未来が動く」
拘りも偏りも偽りも【無】にする
更に「深見や高見を経験」できる
更に「昇華に繋がる選択」にできる
【妥協しない】から「全てを手放す」

委ね任せる ∞感∞謝∞

★委ねて任せて「安心」を得る★
【手放していられる「快感」を識る】
「すべて【今の完璧さ】があるから
【導き】を信じて、迷わず前進する」
…何も「考えなくてもいい」
…何も「覚えていなくてもいい」
…何も「計画しなくてもいい」
「天の采配」に、【明け渡していく】
「偉大な宇宙」に、【委ね任せていく】
「大いなる流れ」に、【乗っていく】
【成功（成幸）人生】が加速していく
その都度、必要なヒトモノコトを…
【最高の形】で「与えられている」
拒否しないで、喜んで「受け取れる」

～「執着を手放す」エネルギーを読み解く～

LETTING GO!＝手放す・妥協しない・委ね任せる・・・／おっきな手がようやく開こうとしている／力が抜ける瞬間の手／掌の真ん中から、執着が出て行くイメージ／左回りの渦はネガティブなものが出ていくイメージ／水の流れのように、多次元で変容し続けるブルーのエネルギー／黄色い疑問符が親指から出ていて、人差し指からは質問のふきだしが出ている／紫の円が右上に満月のように出ている／すべては黒い雲の上で起こっている／黄緑の掛け算マーク／ピンクの右肩上がりのエネルギー／＝ずっと握りしめていた思いを手放す時が来ている／＝解放の瞬間を迎えている／＝余計な力（考え）が無くなっていく／＝辛い涙も綺麗に流しきると、その経験が活かされる／＝ピンクの癒しエネルギーで変容が起こり、右肩上がりの展開を引き寄せる／＝この世の幻想が、すべての執着を創りだしていることを理解できる／＝握りしめている夢や願望＆強い信念を手放せる／＝宇宙に投げた願望が、最高の形で叶う（与えられる）／＝依存から解放されていく

感謝∞解∞放∞

★いつも「感謝を与える」生き方★
【感謝という「すごい魔法」を使う】

「真心からの【感謝】を与え合える」

ありがとう、感謝…「言葉で伝える」
=【言霊エネルギー】が「起動」する
→どんどん「伝導&浸透」していく

…(真)心から「伝えていける」
…(洗)心から「受け取っている」
…(浄)心から「感謝が溢れる」

【真の感謝】を「豊かに感受」し続ける
=感謝の「波動の偉力」を実感できる

さらに「覚醒や開眼」へと導かれる
感謝の【その先の繁栄】も楽しめる

完全性∞統∞合∞

★「宇宙の完全性」の中にいる★
【心と身体の「宇宙を実感」する】

「無限の【可能性】と一緒に生きる」

偉大な宇宙と「未知なる人の身体」
同じくらい【神秘的で完全性なもの】

「ミクロとマクロの世界」は似ている
=心も身体も【宇宙と共鳴】する

【象徴的な神の似姿】がいっぱいある
その「シンボル」が全てを繋げている
更に【奇跡】の「シンクロ」が起きている

【古代の叡智】と【宇宙の法則】が
あたりまえに「自然に働いている」

【自然(=完全性)】に生かされている

神聖さ∞感∞謝∞

★「神聖な自分」に繋がっていく★
【愛と「感謝が繋げて」くれている】

「神聖さを【思い出す】ことの至福」

「愛と感謝」の【波動】が高まって
【神聖さ】を「引き寄せ」てくれる

本来、「自然に居られる」場所
誰もが「悟っている」心の居場所
産まれて、また、いずれ「還る」場所

【神聖な自分】と、常に、繋がれたら、
「幸せ感度も人生の価値も上昇」して
自分の天命(才能)をもっと活かせる

「この世で具現化する」ことが増える
更に【未知なる世界の扉】が開く

～「感謝」のエネルギーを読み解く～

GRATITUDE＝感謝・完全性・神聖さ・・・／善の思いの象徴である白い円が光輝いて、自由に浮遊している／一番上に、円からはみ出しそうなプラスの変形エネルギー／膨張しているハートエネルギーが、下から支えている／扇風機の羽根のような掛け算マークのエネルギーが右回りの渦マークの上に乗っている／緑のプラスマークの木が育っている／下に右回りの渦の湖がある／＝感謝のエネルギーの集結／＝愛のエネルギーが拡大している／＝ハートの真ん中の水のエネルギーで浄化が起こり、善の光を浴びて、愛と癒しのエネルギーとして、膨張を繰り返している／＝善のエネルギーを注入して、その掛け算率も上げている／＝繋がりをイメージさせるプラスのエネルギーが、天地も人も心も繋げてくれる／＝湖の底の静かなエネルギーから、深い叡智を引き上げている／＝右肩上がりのエネルギーになっている／＝感謝のエネルギーがあらゆる昇華を促す／＝優しく強く大きく、揺るぎない愛として膨らんでいる／＝愛の光が溢れて、無限の可能性をどんどん開く

9 VISION

〜 幻想を手放す 〜

解放ワーク

【幻想を捨て、夢を叶える】
★大きくて真っ直ぐな道をイメージする★前方に未来があり、後ろには過去があると想定する★今、ここに立っている場所が現在になる★ゴミ収集車が目の前に現れる★今、必要なものだけを持って未来に進むので、余計な思い(＝幻想)は収集車の荷台に入れる★「不安」「失敗」「トラウマ」「挫折」等、紙に書いたものを一つずつ丸めて捨てていくイメージ★ゴミ収集車は過去の方向へ去っていく★「幻想を手放すと夢が叶う」と言う★

10 LEADERSHIP

〜 関係性の進化 〜

感謝・統合ワーク

【リーダーシップの進化】
★誰もが持っているリーダーシップを引き出す★両手を観る★親指、お母さん指、お兄さん指、お姉さん指、子(小)指、家族の凝縮を感じる★会社、コミユニティー、家族、仲間、様々な関係で誰もがリーダーシップをとれるイメージで、指を一本ずつ立てていく★最後にすべての指を立て、グーパーグーパーしてみる★人差し指を立てて頭上にあげてみる★「この指とまれ」ポーズをして、もう一方の手で掴む★手を放して、天にハイタッチ

11 COMMUNICATION
～出さない手紙～
解放・感謝ワーク

【出さない手紙ワーク】
★今、一番、話したい相手を一人だけ決める★その人に出さない手紙を書く★「出さない手紙」なので自由に本音で包み隠さず思う存分に描く★書き終えたら最後に「愛」「感謝」の文字を書いておく★その手紙を自分宛に来た手紙として読んでみる★何を感じるのか、相手のことも思いながら、色んな感情を感じきってみる★その後、その手紙を粉々に破る★それを紙吹雪にして飛ばしてみる★紙吹雪を浴びきってから、片付ける

12 JOY
～喜び～
感謝ワーク

【喜びで満たすワーク】
★紙と色ペンを用意する★できればカラフルな色のペンを用意（色鉛筆も可）★この絵の真ん中のハートを観ながら、紙に大きなハートを描く★喜びを感じることをそのハートの中に十個描く★カラフルに寄せ書き風に描く★例「ほめられると嬉しい」「友と過ごす楽しさ」「子供と手を繋ぐ時」など、自由に描いてみる★ハートがどんどん膨らむイメージで、外側にハートを広げて描いていく★紙からはみ出すくらい、描き足していく★

13 CREATIVITY
～創造性の強化～
統合ワーク

【創造性(力)強化ワーク】★カードの絵を観ながら、自由自在に形を変えられそうな人間の形を描いてみる★その形の中に、赤、橙、黄、緑、青、藍、紫、と、文字で自由な場所に、直感で描いていく★実際に、その色の絵の具や色鉛筆を出して、色をのせていく★なければその色をイメージして、文字に色を載せるイメージワークをする★人間の形の外側にも色の点を無数につけていく★「私の創造性(力)は偉大で、常に、拡大している」と描いておく

14 PEACE
～平和～
感謝ワーク

【内なる平和を創り出す】★自分の好きな花をイメージして手に持ってみる★色、形、香りまで、リアルに想像してみる★花のエネルギーを受け取る★一本なのか、何本もあるのかを自分に問いかけてみる★その花の数だけ、人を思い浮かべてみる★その人達に、一本ずつ、感謝の言葉を添えて渡していく★綺麗な空気を自分に入れるように深呼吸をしてから渡す★ほめ言葉も探して伝える★相手の表情を想像して、気になる時は、実際に連絡をとってみる★

15 CHOICE
〜選択の力〜
統合ワーク

【選択の力を大切にする】
★自分で選択した種を土に埋めるイメージをする★毎日、水や言葉をかけて育てるイメージをする★やがて、芽が出てくるのを観て喜ぶ★さらに成長して大きな木としてそびえ立つのを見届ける★木に実がなっているのをみつけて、その実をもいでみる★綺麗に磨いて、その実をかじって食べてみる★かつてないほど美味しくて感動する★この流れにどんな感想を抱くかを書いてみる★自ら選択した種が育んだ豊かさを感じる★

16 OPENNESS
〜ハートを開く〜
解放・感謝ワーク

【心を開いて瞑想する】
★寝転んでみる★仰向けになって空を観るイメージで深呼吸(鼻呼吸)★胸のど真ん中に、ハートがあるイメージをする★そのハートが「ぱかっ」と開くイメージ★扉が開くイメージでもいいし、ハートのカプセルのふたが開くイメージでもいい★深呼吸に合わせて、ハートからどんどん愛が溢れ出てきていることを想像する★太陽からも愛と光が溢れていることを感じて、同じように自分の中から溢れ出していることを実感してみる★

17 DON'T WORRY・・・

～心配を手放す～

解放ワーク

【今の心配は手放せる】
★今、ここにない心配をわざわざ創らない★それでも心がざわつく時、このワークをする★紙に動物園の檻の柵をイメージして縦縞の箱を描く★その中に今の悩みや心配事を書く★縦書きで書いていく★書ききれなければ、檻の柵を増やしていく★書ききったら、「これは、今、ここには、もう、【無いもの】です」と書いて、丸めて、そのまま捨てる★それでも忘れられない場合は、再度書いて、燃やす★もしくは塩を添えて捨てる★

18 FOLLOW YOUR HEART

～本心を聴く～

解放ワーク

【本心を届けるワーク】
★紙飛行機を作る★あちこちに飛ばして、ちゃんと飛ぶかを確認★なかなか思う通りに飛ばなくてもその行為を楽しむ★紙飛行機を開いて、今、本心を聴いてみたい人に、伝えたいことを書き出す★自分の気持ちが知りたい人は自分に手紙を書く★「本当はどう思っているの?」「どうして応えてくれないの?」等★質問攻めでもいいので思うことを素直に書く★最後に「愛」「感謝」の文字を添えて紙飛行機で本心を軽やかに飛ばす

19 FLOW
～善い流れに乗る～
感謝ワーク

【善い流れに乗るワーク】★紙に右肩上がりの波線をたくさん描く★その上に、波乗りしている自分の絵を描く★台詞をつけていく★「最高に気持ちいい！」「好い波に乗っている」「油断しないで波に乗れている」等★次に、波の下に潜る絵を波乗りの絵の下に描く★「波の下は静かで叡智に溢れています」と言って、その上で、波に乗れていることを実感★調子に乗っても、波にのまれないで、岸まで辿り着けることを確信しながら波に乗る★

20 PURIFICATION
～浄 化～
解放・感謝ワーク

【水の浄化をイメージ】★水の入ったコップを二個用意する★一つは右回りに回すイメージで、喜びと感謝を伝える→「有難う」「大好き」「幸せ」「嬉しい」「愛している」等★もう一つも左回りに想像で回す★「ごめんなさい」「許して下さい」と言いながら、回していく★左は、すべてが浄化されていくイメージ★右は、さらに、昇華していくイメージで、回してみる★水がどんどん綺麗になって、美味しくなっていくことも想像する★最後にすべて飲み干して、完了★

21 STRENGTH

〜真の力を引出す〜

感謝・統合ワーク

【真の力をお腹に入れる】
★ゴールドの巨大卵をイメージする★ちょうどお腹に入るサイズ★きらきら輝く黄金の卵をお腹にぎゅっと押し込んでみる★お腹に両手をあてながら、ちゃんとお腹の中に入っているイメージをする★

内側から光り輝く黄金の卵があるおかげで、自分自身も輝きを放っている★内にも外にもゴールドのエネルギーが放たれていて、自分が最強になっていると感じる★余計な力も不要で、ただ輝くだけですごい力(影響力)がある

22 ADVENTURE

〜感情の冒険〜

解放ワーク

【感情の冒険家になる】
★感情と出逢う旅に出かける★様々な感情達に出逢えてブレイクスルーや学びと成長の機会を得る★喜怒哀楽に名前を付けてキャラクター化してみる★★自分が一番仲良しなのは誰?本当は誰が好き?

誰と一緒にいたい?を感じてみる★好きな人(感情)といたいけど、皆、各々の魅力があることをちゃんと感じてみる★各々のキャラの魅力を洞察して描き出してみる★どのキャラも素敵なので、想像の中で全員とハグをする★

23 FORGIVENESS
～許しの的～
解放・感謝ワーク

【人生最大の課題、許し】★許せないことよりも受け容れることに焦点を当てる★「受容」「許容」の文字を中心に描いて的を二つ作る★その的を二つ重ねて(受容を上にする)ダーツしてみる★ど真ん中めがけて投げ続ける★当たったら、「許し、許されています」と言う★更に「許したい人」「許してもらいたい人」を書き出す★「皆から許されています」「皆を許しています」と言って、またダーツをする★ど真ん中に気持ちよく当てて「すべて受容」してみる★

24 MIRACLE
～奇跡を起こす～
感謝・統合ワーク

【自分で奇跡を起こせる】★自分で奇跡を起こせる人だと認める=信じる★今まで、自分が起こしてきた奇跡を思い出す★「あの試験に合格した」「好きな人とつきあえた」「会いたいと思っていた人に出会えた」等★その時の気持ちを思い出して書き出す★もしくは味わい直す★どんな気持ちだったかを言葉にしてみる★今から起こせる奇跡がいっぱいあると信じられる★奇跡は毎日起きていることも実感★自分の生命そのものが奇跡の【象徴】だと感じる★

25 JOINING

～繋がりを取戻す～

感謝・統合ワーク

【繋がりを取戻していく】

★鏡の中の自分自身を見て、目の奥に入っていく位、目の奥を見続ける★目を逸らすことのないように、できれば一分以上続けて観る★慣れてきたら、自分以外の人を、見つめてみる★感じる事をメモする

★パートナーや家族とも、わずかな時間でも、見つめ合ってみよう★「神聖な自分」や、目の前の人と、ちゃんと繋がっていることを感じてみる★何を感じたかを言葉にして伝える★自分は一人（孤独）ではないと実感する★

26 ABUNDANCE

～価値を受容する～

統合ワーク

【価値を受容すること】

★このカードと真逆の三角の中に自分の価値が輝くイメージでキラキラマークを描いていく★下から上に光が増すイメージでキラキラマークを描く★「価値がどんどん増している」と書く★その下にこのカードと同様に三角形にキラキラを描いていく★「私にはさらなる豊かさが与えられる」と言いながら、描く★三角形が上下対称になることで輝きが天にも届き、天からも降り注ぐ★横にして蝶タイで結ぶイメージ★

27 LETTING GO!

～執着を手放す～
解放ワーク

【執着（過去）を手放す】
★このカードの渦のように左回りの渦巻を左手で描き「過去を、どんどん手放しています」と言いながらぐるぐる回していく★両手をぐっと握りしめてから天に向けて開く★開いた手を頭の上まであげる★深呼吸しながら伸びをして「完全に手放しました」と言う★その後、右手で渦巻きを右回りに回しながら「より善いものが入ってきます」と言う★両手をお腹に当て、目を瞑って口角を上げる★眼を開けて微笑む★

28 GRATITUDE

～感謝の魔法～
感謝・統合ワーク

【感謝の言葉で引寄せる】
★「ありがとう、サンキュー、感謝しています」等★心の中で百回以上唱える★感謝の波動は奇跡を起してくれるから、何も考えず、ただ、唱える★その後、健康、お金、仕事、恋愛、結婚等、今、叶えたいことを、既に叶ったように感謝の言葉で唱える★「臨時収入をくれて有難う」「治してくれて有難う」等、色々、あてはめてお礼を伝えていく★同じ波動で引き寄せるので、感謝の言葉が魔法のように叶えてくれることを信頼する★

MISUNDERSTAND = TRAP

誤認∞解∞放∞

★真の自分を認識できなくなる★
【本当の自分が「いつも不在」になる】

「目の前のインパクト大の強烈ビジョン
(人、物、出来事、言葉、象徴、等)に
心を奪われ、心がそこに移行する」

自分の【心の家】から「飛び出して」
その「状況」に捕まり離れられない
→思考も感情も「上がり過ぎる」
=「真の自分」が【居なくなる】状態

【誤認】とは、「自分」を認識できず
「不安の連鎖」が当たり前になる
=「真の自分」を【不在】にし続けて
外の「偽りの安心」に向かっていく
→自分が「自分の真ん中にいない」と
「浮遊している自分」でしかない
→【地に足が着かず】衰弱していく

誤信∞解∞放∞

★自信がなくて外に求めてばかり★
【ヒトモノコトを「信じ過ぎて」しまう】

「心奪われた【過去のヒトモノコト】を
今ここに存在しないのに追い続ける」
瞬間はどんどん「過ぎ去って」いても
【過去のシンボル】と一緒に居続ける

「あの台詞がすごく素敵だったから」
「あの出来事が【幸せ過ぎた】から」
=過去を誇大に「回想&美化」する
→大義名分を与えて「信じ続ける」
→逆の「嫌」「悪」「不幸」「不信」まで
紙一重な【美談】に転じて「刷り込む」
(=逆に不幸連鎖を信じる事もある)

【誤信】とは、「虚像を信じ続ける」事
→一番、信頼しなくてはいけないのは
「自分」だと気づけば【全て手放せる】

誤解∞解∞放∞

★怖れが膨んで真実を観ない★
【一方的に「過剰反応」してしまう】

「人との【関わり】が境界を超えて
一心同体の【関係】になっていく」

この世は、「同じ想い、同じ出来事、
同じ人は存在することはない」が
「似た言葉、似た状況、似た展開」
だと強引に繋げて同じ括りにする
=「唯一無二」より【皆一緒】が安心

【誤解】とは、「繋がり」を錯覚して
他人の心と「一心同体」にしていく
=「依存」「執着」「幻想」等を創る

今を「等身大」に観られなくなって
過剰な思考が過剰な自他を創り
【過剰な感情に支配】されていく

0 MISTAKE・MISBELIEV

★秘密のカード★ 〜「カード本」には入ってないカード〜
このカード（このページ）に「気づけた人」への【ギフトメッセージ】です

〜「誤解」のエネルギーを紐解く!? 〜

MISTAKE＝思考の罠･･･人が陥りやすい誤認&誤信&誤解･･･／既に持っている知識や経験から、分析・判断してしまう／古い思考パターンを持ち続けて再現し続けてしまう／人のイメージ（年齢、性別、容姿、職業、肩書き、生い立ち等）で分析・判断してしまう＝人のイメージとつきあっている（生身の人間とつきあえていない）／目の前の人物事を、過去の経験と照らし合わせて判断してしまう＝今、初めて起こった出来事として新鮮な目で観られなくなっている／世間の常識・分析を当てはめて判断して、まるくおさめている＝感情を無視して解決に導いてしまう／家族（両親、兄弟姉妹、子供、配偶者）、恋人、友人、知人、先生、上司、師匠、有名人、偉人等、自分にとって影響力のある人の言葉や生き様を意識して、自分に関係づける＝自分の本気本物本質を置き去りにして問題を外に見ている／自分の「本心」や「身体の声」を聴けていない／自分を「心底」大切に出来ていない／自分に対して【真の信頼】を持てない／自分の【人生の責任】からいつも逃げている

MISUNDERSTAND = T~~RA~~P

誤認∞統∞合∞

★自分を否定してもしきれない★
【真の自分はいつもここ(内側)にいる】
「間違えて【恥ずかしい思い】をして
【強烈に心に響いたから】気づける」
自分の【心の痛み】が教えてくれる
どんなに「自分」を否定し続けても
「自分」から逃げて浮遊し続けても
必ず【自分でしかない】ことに気づく
【真実の自分】が、観えてくるまで
「やり続ける」意味も理由もあった
=外側に「偽りの自分」を見続けた
「本当の自分と出逢える」のは・・・
【心が内側に向く時】だと気づける
→投影した「外の世界」も紐解ける

誤信∞統∞合∞

★「自信を持つ」ことの真の意味★
【一番信頼できる自分を承認する】
「今ここにいる自分をずっと観てきて
一番理解できるのは自分しかいない」
どの瞬間も、常に【一緒に居る自分】
ちゃんと「感じて、認めて」信じ抜く
どんな人も「接点」でしか観られない
どんな時も「一瞬の輝き」でしかない
人も物も出来事も言葉や物語として
すべて「自分の中で創り出している」
→「幻のような現実」に気づいていく
「真心と自信」が常に「内側」にある
真の自分と繋がって【芯で理解する】
自分の「真実の物語」に目覚めていく

誤解∞統∞合∞

★真実と出逢うから覚醒する★
【誰もが「神聖な自分」と繋がれる】
「分離していた自分に気づけると
再統合されて真の自分に繋がる」
自分の中心に【自分が還って】くる
「分析&判断」を【手放して】
唯一無二の「無限の可能性」に
【心の眼を開いて】いける
→「才能の開花」にも結ばれる
心の眼が開くと【真の繋がり】を
どこでも誰とでも「見つけられる」
→「油断なく目覚めて」いられる
今も自分も「ありのまま観る」と
遠慮なく【真の価値】を受け取れる

0 MISTAKE・MISBELIEV

★秘密のカード★～カード本には入ってないカード～
このカードの「魅力にも気づける人」への【ギフトメッセージ】です

～「誤解」のエネルギーを「統合」して【昇華】させる～

MISTAKE=「思考の罠」を【統合】して「感謝」に結ぶ・・・人が陥りやすい誤認&誤信&誤解からの脱出・・・／間違えているなんて想いもしなかった→皆と一緒だから、気にしなかった／虚像(幻)を信じ続けてきた→人や世間のせいにしてきた／知らなかった(解らなかった)から、気づかなかった→無知の知を実感した／間違っていてもいい→「気づき」が大きくなる→「強い想い」から学ぶ→【寛容&賢明】になれる／愚かでもいい→「馬鹿になれる」素晴らしさ→【大愚】という「無我」の境地もある→我や過去を「忘れる能力」を育める→【日々新鮮】になれる→無から【真心】が産まれる→【真の謙虚さ】を得る→「駄目なこと」「イケナイこと」「非常識なこと」=「思ってはいけない」「してはいけない」を創り出していることに「気づくためのチャンス」／【自分だけの感覚】を信頼できる／他人の感情を本人以外は誰も知り得ることはできない=自分のことは自分が一番知っている→誰もが唯一無二の価値ある存在、尊い命→【創造力】と【直感】ですべての人の心を思いやれる

I UNDERSTAND → THANK YOU

誤認∞感∞謝∞ワーク∞

★真の自分を認識し直すワーク★

【今の自分の「優先順位」を識る】

両手で双眼鏡の筒を創って覗いて
360度ぐるっと「見渡して」みる
→自分の部屋でやると解りやすい
「あ、あんなところに置きっぱなし」
「あ、忘れてた！ 洗濯しなきゃ」
「あ、あの棚を移動したいな」等
今、「気づいたこと」を【すぐやる】
今、「すべきこと」を【今すぐやる】
今、「できること」は【すぐできる】
問題から【目を背けてきたこと】や
【後回しにしてきた事】に「気づく」
今こそ「片付ける」=「終わらせる」
→今を超えて【次の自分】へ繋げる

誤信∞感∞謝∞ワーク∞

★自分への信頼を取り戻すワーク★

【自分に集中して「成功体験」を創る】

朝起きて「今日の自分の行動」をメモ
行動できたら【承認】して「誉める」
☆「朝、時間通り起きられて、えらい」
☆「笑顔で挨拶できて、素晴らしい」
☆「今日も【生き抜いた】、すごい！」
★今は【自分のことに集中する】時
それを信じて「意識しながら行動」
【今の自分】に、一番、「力を込める」
★人のことが妙に気になる時は〜
「どうぞご自由に」「どうぞお幸せに」
=【自分以外を切離す名言】を復唱
→手で「チョッキンポーズ」して切替
…人に思う事は自分の件でもある
「自分のこと」に置換えて【探って】みる

誤解∞感∞謝∞ワーク∞

★真っ直ぐに真実を観るワーク★

【ささやかな「気づき」を楽しむ】

今、ここにいる「リアルな自分」を
【素の自分=等身大】にしていく
鏡の前で自分(全身)を観察する
思いついたことを口に出してみる
「疲れてる」「老けてる」「なんか変」
「姿勢が悪い」「服が似合わない」等
☆ネガティヴな言葉だらけなら☆
【全部反対語】に置換えて言い直す
「元気だね」「若い」「個性的で素敵」
「姿勢がいい」「お洒落」「似合ってる」
→そのように「自分を近づける」
【気づくと直せる】ことを理解する
自然に「なりたい自分」になっていく

∞ KAMIHITOEN・MUSUBI

～「誤解」エネルギーの【紙一重】に「感謝」する～

MISUNDERSTAND→THANK YOU・・・「誤解」して気づけたことに【感謝】できる→その「恩恵」に気づいて「受け取れる」・・・／紙一重だから深い叡智がある／紙一重だからすぐ近くに応えがある／紙一重だから気づく為の想いや出来事が沢山ある／紙一重だから好き嫌いも表裏一体になる／紙一重だから自らの思い込みで過酷にしてしまう／紙一重だから強烈なお知らせがある／紙一重だから乗り越える価値がある／紙一重だからこその奥深い「距離」がある／紙一重だからどっちもありでどっちもなし／紙一重だから環境も人間関係も激変する／紙一重だから違いが大きい／紙一重だから奇跡はすぐ隣に居る（ある）／紙一重だからノックできる／紙一重だからハグできる／紙一重だから愛がいっぱい／紙一重だから笑える／紙一重だから繋がっている／紙一重だから分け隔てない／紙一重だから縁がある／紙一重だから神と人と縁も触れ合って作用している／神人縁だから陰も陽も融合して「彩り＝豊かさ」になる／神人縁だから真理に導かれる

自分だけの感情・・・

Q 善い想いがしたい
幸せな気持ちでいたい
どうして・・・
なれないの？

A まずは、∞
今、ここにある
「幸せ」に気づく
ことから始める

「心の辞書」みたいな本∞

Q あの人の心が知りたい
本当のことが知りたい
先に知っておきたいから・・・

A あの人の心は
あの人のもの

自分の感受性の責任は
・・・自分自身にある

Q 自分だけの心・・・
心のことで話したい
心のことが知りたい
心のことを理解したい

A 自由がいい・・・

A 未来は
変えられる
先に知ると
制限になるかもしれない・・・

A 心が動くままでいい
そのままでいいよ ∞
そう思うんだから・・・

自分だけの世界・・・

Q 自分の理由があればいい・・・

Q 感情のお知らせって
どういうこと？

A 心(直感)は
いつも、そっと、
教えてくれている

A 素直になれば
すべてが
うまくいく

どこかに「答え」が
あった気がする・・・

自分を「超えている」
・・・直感は

Q どんな人もどんな感情も愛おしくなるもの？

A 善い感情もないよ
悪い感情もないよ
決めつけなくてもいいよ

A 好き・・・嫌い・・・
感じるままに
「本心」に導かれる

A ∞
心が
喜ぶ方へ

A あのページに書いてあった気がする…

何も考えないで
解放していたら…
「神聖な自分」が
応えてくれる∞

Q
嘘や
ごまかし…?
裏にあるものまで
感じていける?

A 自分の想いの責任を持ち続けられる…

「心の投影」みたいな本∞

Q
それ、善いことだから…
それ、悪いことだから…
だからそうなるんだよ
だからダメなんだよ
だから無理なんだよ

A 「決めつけ」や「思い込み」はもういらなくなる…

Q
…嫌だから
…出来ないから
…分からないから

A
「好き」を
選べばいい
∞

どこまでも「肯定」し続ける…

全部、繋がっているから
全部、紙一重だから
全部、続きがあるから

Q いつも誰かや何かを「裁いている」気がする…
人も自分も「裁かない」生き方にできる

A
自分の責任で
選択・決断する
∞
その価値を
高めていける

A
答え(=全体像)は
自分の内側にある…
「自分にしかわからない」
【意味や表現】がある…

Q
【創造力】という
「思いやり」を
育めること

A
「その人にしかない」唯一無二の表現がある…

Q
○○だから○○だよ
○○ではないから
○○なんだよ

A
潜在的な
「条件付け」に
どんどん【気づいて】
「前提」を外していこう…

A
ぜ～んぶ、自分の心の中で起こっていること

～なぜ、この本を描いたのか？描けるひとだと思えたのか？～

以前、鬱病や依存症を患い、誰にも相談出来ず、人前では気丈にしていられるのに、家では毎日泣いてばかりいました。しばらくすると、外出もできなくなり、一生分の涙を、この時期にぜんぶ流しきったと思います。発作のようなものも酷かったので、今、思うと、よく独りであの時期を生き続けてこられたなと思ったりもします。

様々な事情があり、それを「なんとか自分で治したい」と思うようになりました。その自分の意志を貫いて、たった独りで克服できたことが、この本を描くことに繋がっていると思います。（…といっても、最終的には、多くの人とのご縁と繋がりがあって、完治に結ばれています。それは間違いないので、補足しておきます。）

「自力で治す」と決めてから、様々な心理学や成功哲学を独学し、学びを活かした「セルフセラピー」を、毎日実践していました。様々なカウンセリングやセミナーにもでかけたり、何年もかけて、偏りや拘りを無くすように、多種多様な見方（＝味方）ができる修練も丁寧にやってきました。最後の大きな山は、知っている人（＝過去に繋がる人）と会えないというもので、それだけが、なかなか乗り越えられない山（＝過去の執着と怖れの象徴）でした。

表面上は快復しても、真の自信をなくしていたので、絵も描けなくて、本来の仕事もできなくて、生活が成り立たなくなっていました。働かないといけないところまできていたので、その時、急に浮かんだアイデアが、「リハビリとして夜の世界で働くこと」でした。当時、お世話になっていたカウンセラーさんに、「荒治療にも程がある」と言われ、大反対されましたが、勢いで説得して、独創的な視点で、克服の「可能性を探求」する事にしました。

あえて、違うタイプのお店や、幾つか場所を変えて働いて、様々な職種や考えを持つ人と出会える展開を創りました。自分の事を第一に考えながらも、目の前の人や「心と身体の働きを観察」しながら、実験するように、色んな事を試してみました。「心を壊す人は、アスリート並に【心を鍛えている】から壊すのだ」という啓示も頂くことになり、納得＆実感できる機会を得ました。病気を引き寄せる理由も、頭でも身体でもよく理解できました。

時折、発作のように手が震え、数々の失敗をしました。「周りの人が鬱病を抱えていることに気づいてくれない」という思いが「悪化させている」と指摘されて「誰にも理解されない想い」が【孤独感（分離）】を産んでいると悟りました。その大きな【気づき】から、瞬時、笑顔で切り替えて「笑い」を創り、人と「繋がる」ことを意識し直してみました。おかげで、目の前の人達と優しく繋がる事ができました。各々が唯一無二で一期一会の関わりで、程よくて、肯定的な流れになりました。「今の完璧さ」を肯定し続ける練習が出来て、肯定的な事が増えていきました。

いつの間にか過去を乗り越えて、「今を新鮮に生きる」ことが出来ていました。私にとっての「病を克服する最良の方法」となりました。出会えた人達と互いの価値を讃え、尊重し合い、沢山の力を与え合えたからだと思います。ポジティブで優しいエネルギーがたくさん溢れていたので、その世界への誤解や偏見までも克服出来ました。色んな意味で救われていきました。想像以上の学びと恩恵がありました。すべての経験が宝物で、「誇り」だと思えてきました。この時期は、通常では出会えない様な「特別なご縁」も多々あり、貴重な「学びと成長」になりました。

どんどん元気になってきて、自信も取り戻せて、周りにもその力を与えていきたくなりました。与えることで、自分も一緒に「解放がある」ことを体感していたからです。その相乗効果を拡げてみたいと思いました。その頃は「唯一無二のオリジナルカウンセリング」も編み出し、実践するところまで進化していました。問題や歪みの多いご時勢なので、どんな人も抱えている悩みがあり、すぐにそんな話にもなりました。日々の一期一会のパートナーシップを大切にしながら、一緒に解決出来たことで、【セルフセラピー】ということも伝えることができるようになりました。実体験を交えて伝えると、更に「説得力」を増していきました。そして、実際に心が晴れていく人も、その状況も、たくさん観ることができました。この一連の（研究的な）経験が、さらに、私を「強く」してくれました。

日々、「新鮮に生き直していく」というテーマを持って、「今、この瞬間に一番エネルギーを注ぐ」ことができ、どんどん、【今の最高（最幸）最善最愛最強】に導かれていきました。様々な場所で働けていたこともあり、毎日、違う方との「一期一会」なご縁ができ、日々新鮮に生きやすかったことも、この「展開の必然性」を実感できました。

おかげで、その後、鬱病や依存症をなんとか完治することができました。「私だけのセルフセラピー」なので、他の方に勧められるものではないのですが… 同じように悩みを抱えている仲間やお客様を救えることもあったり、過去や未来に意識やエネルギーを取られる事がなくなりました。調和しやすくなり、皆で一緒に、元気になっていきました。この職業は、「人を思いやること」が自然にできる環境だったので、【最高（最幸）の流れ】でした。

「より善い引き寄せ」もあたりまえに起こってきて、本来の仕事に戻っていくこともできました。同時に、過去の人達とも自然に再会出来たり、「感謝して過去に還す」事もできました。「今が一番幸せだ」と言える日々になりました。私の心は、様々な人や出来事を、「色んな角度や尺度や温度で視られる」ようにもなっていました。いつの間にか、これまでの生き方（人生）の全てが繋がって、活かし直せて、【新しい次元やステージ】まで視えてきました。

その後、天命のお導きで、【象徴セラピー協会】を立ち上げることにもなり、すべてが「必然」になっていきました。

実は、これまでに、「出版のお話」は何度もありました。いづれも実現しませんでした。一番最初にお話があった時は共著でした。とても善い関係で、いい流れだったにも関わらず、出版直前に共著のかたが自殺するという悲劇がありました。最後に電話で話した人が私だったということで、すぐに警察から電話がありました。その時の衝撃は忘れられませんでした。長年、「出版のお話」がでても、いつも、心の奥にそのことが浮かんでいたのかもしれません。「自分を許せない」でいたようで、当然のように、実現してこなかったのです。【心が現実を創っている】ことが、とても【象徴的】になっていて、解りやすい出来事のように思います。「出版トラウマ」も自分で創り上げて、抜け出せないでいました。かなり長い間、そのエネルギーのままでいたので、現実の世界に「投影されていた」と思います。【象徴セラピー】を始めて、様々なクライアントさんと出会ってきて、同時に救われるような流れを何度もしてきたことで、私は「大きな許し」を自分にも与えられたようです。そして、ここ数年、出版の為に頑張ってきた私のことを、心底、応援してくれる家族の他にも、友人&知人が増えてきたことも、「大きな力」となっています。ここまでこられて本当に善かったです。「趣深い幸福感」があります。「両極の体験を統合して昇華した」事で、さらに感慨深いものがあります。そして、やはり、「完璧なタイミング」と「絶好の巡り合せ」があることも実感しています。すべての出会い、出来事、想い、「すべてが必然」で、かけがえのないものだと確信しています。ようやく「地に足のついた状態」で出版ができました。これまでの「すべてのヒトモノコトへの感謝」が溢れてとまりません。大感謝です。【今の自分を満たす力がついた象徴（＝シンボル）】が、この「出版」だと言っても、過言ではないと思っています。

「こんな流れを持った人間」だから、私は、今、この本を描けたし、「責任を持って表に出せる」ことになりました。この本にも、オリジナルカードにも、「今の私の全部」が【象徴的】に込められています。【今の最幸最善最愛最強】が詰まっています。「惜しみなく与える気持ち」で、描ききりました。【描かせて頂けた幸せ】を、強く感じています。

【良質な循環エネルギー】も、たっぷり、入れさせて頂きました。

「より善い循環が溢れ出すもの」になっていると思います。どうぞ、遠慮なく、受け取ってください。次から次へと、後から後から、上からどんどん、降り注いでくるように…高次元に、そのエネルギーを上げてあります。

さらに、「豊かな恩恵」となって、「多くのかたに降り注いでくれる」ように…

皆様のお手元に届く頃に… 本を開く＆カードを引く度に… 「ベストタイミング」に…

【今の最高（最幸）最善最愛最強のエネルギー】が降りてくるように…

「良質なエネルギーの循環」も、「しっかりとイメージ」してあります。

そして、手放しておきました！ 「おっきなものにすべてお任せ」してあります！

そんな「エネルギーワークの大切さ」も、ちゃんと説いてあるので、何度も読み返して頂けると、嬉しいです。

【今、この瞬間、この自分に集中】して、ぜひ、「より善い活用（循環）に」してください。

「唯一無二のあなた」が、その「命や才能」を活かし続けて、さらに「輝き」が増しますように…

この世での命が続く限り、「愛そのもの」であり続けて、【天命】として活かされていきますように…

…愛と感謝を込めて…

♥種あかし♥ この本からの【ギフト】は、「最高（最幸）最善最愛最強の貴方からのお言葉（メッセージ）」を
彩木が代わりに（繋がって）贈っていたことでした（笑） まさに、天からの「ギフトのような(絵)本」なのです。

あとがき・「ご縁」の「繋がり」と「結び」ができたことに【大感謝】

唯一無二のあなたと、唯一無二のこの本の「ご縁」は、しっかりと「結」ばれました。
最後まで、お読み頂き、カード達とも仲良くなって頂き、とても「感謝」しています。

どんな心の動きがありましたか？動揺しましたか？落ち着きましたか？これからも、【どんな気持ちも「愛おしくなる」流れ】を楽しんで、引き続き、末永くおつきあい下さい。

人が「意味付けや条件付け」をしたことで、「善悪の判断」、「規則や法律」等も増えて、様々な「分析や判断」がなされ、「先入観や前提」を創ること、当たり前になっていたと思います。「自由までもが制限になる」程の「視えない束縛」を、創り出していたこともあると思います。気づけることも、気づかないふりも、どちらも都合好く、器用に出来ていたりするものです。

このカード本(=あなたの分身)との対話で、あなたの「視えない制限」を外せたり、「思い込んでいたこと」や「縛られていた言葉」からの「刺激や解放」もあったのではないでしょうか・・・【自分の本心に充分に語らせる】ことで、【浄化&覚醒】にも、繋がっていくと思います。

気づきを得て覚醒に導かれると、社会のルール(制限)も、また「違った見方」ができて、全てが「味方になってくれるもの」だという「深い智慧」や「新しい価値」も得ていけると思います。【真の愛、真の自由、真の調和、真の信頼、真の尊敬、真の謙虚さ、真の責任、真の理解】等、今までよりずっと「高い次元へと昇華」して、各々の質も、もっと上げていけると思います。

さらには、多次元感覚（多角的な視界）にも惹かれたり&閃かれたり&導かれたり・・・

【自由自在に心の中を大冒険するような感覚】も、どんどん楽しんで頂けると思います。いつも、誰にでも、「様々な答え」や「個人の真実」があること、その【自由や個性の豊かさを信頼＆尊重】していけると、【真の理解】にも、導かれていくことになると思います。

あなたの 内なる神（真実のあなた）も あなたという人（幻実のあなた）も、どちらもかけがえのないもので、【必要で大切で 愛すべき存在】だということも、あらためて、実感して頂けたと思います。その真実も、お互いに「魅せ合える」（＝呼応する）と、さらに自分が「拡大していく」（＝輝きが増す）ので、この世での具現化を、より楽しめると思います。

「直感（直観）や感受性（創造性）」を鍛えて、ますます活性化されると、【覚醒＆昇華】も頻繁に起きやすくなります。【その先のステージ】は、いくらでも、いつでも、用意されていることにも、気づいていけます。進みたいところへと、どんどん歩まれて下さい。感じたいように感じていて下さい。自分の「心の動きを信頼して愛して」あげて、「気が澄むように流して」あげて下さい。そうすればそうするほど、益々、湧き出す【エネルギーの源泉】が、自分の中に、しっかりと存在していることを実感できると思います。自分も周囲の人も偉大な存在であることを常に【意識】して、見縊る（みくびる）ことなく、「敬意を与え続けて」ください。

【生きていることだけで、満ち足りていること】も、忘れないでいてほしいと思います。常に、「愛 と 感謝 と 笑い に包まれる 生命」でいることも、信頼して、大切にしてください。

全ての「ヒトモノコト」がありのままで完璧＝「生命の美徳【奇跡】」だということも、豊かな感受性で受容し、創造性で膨らませ、素敵連鎖満載にして、活かし続けてください。

「象徴セラピー」のご紹介

＋【見え方の違い】＋

・・・ 少しの違いでも、ちゃんと気づいて「伝えていく」こと ・・・

頭と気持ちの整理整頓
整理整頓の得意と苦手
得意と苦手の表裏一体
目の前の貴方と私の事
貴方と私の鏡の見え方
鏡の見え方と真実の相
愛と怖れと個人の真実
個人の真実で筋を通す
筋を通すと受容になる
受容と許容で包容する
包容すると一つになる
一つになると手放せる

心を開くと愛が流れる
愛が流れて自然になる
自然の分身は自分の証
自由と言う自分の理由
理由がある必要を解放
解放すると意味も不要
今ここにあるしあわせ
しあわせ感度が上がる
責任を意識する感受性
シンプルに観えている
シンボルに成っている
シンクロが起きている

感情の【象徴】から
「心と身体を調える」セラピー

シンボルミラーセラピー

シンプルに／シンボルに／シンクロに

【見え方】

左右の白と黒（光と闇）の
比率の違いの中で
どちらに目がいくのか？

【答え合わせ】白と黒にどんな意味や条件付けをしているかを探ってみて、「今 どう見えるかを感じる」だけで、【心も脳もオープンに】

「象徴セラピー」のご紹介

+【 感じ方の違い 】+

・・・ 少しの違いでも、ちゃんと気づいて「思いやっていく」こと ・・・

気持ちと頭の整理整頓
整理整頓の苦手と得意
苦手と得意の表裏一体
目の前の貴方と私の事
私と貴方の鏡の感じ方
鏡の感じ方と真実の違
愛と怖れと個人の幻実
個人の幻実と枠を外す
枠を外すと許容になる
許容と受容で包容する
包容すると一つになる
一つになると手放せる

愛を開くと心が流れる
心が流れて自分になる
自分の証は自然の分身
自由と言う自分の理由
理由がある必要を解放
解放すると意味も不要
今ここにいるしあわせ
しあわせ感度を上げる
感受性の責任が持てる
シンプルに視えていく
シンボルに成っていく
シンクロが起きていく

【感じ方】
〜左右の間違い探し〜
文字の違い(部分)か
間違いが幾つ(数)あるのか
意味の違い(ニュアンス)か
どこが気になってくるか?

感情の【象徴】から
「心と身体を調える」セラピー

象徴セラピー協会

シンプルに／シンボルに／シンクロに

合わせ】正解も不正解もなくて(笑) 部分、数、ニュアンス、「今こだわっていること」、自分の「視界の特徴」に気づくきっかけにできる

「象徴セラピー」のご紹介

＋【人の思い を シンプル にした シンボル が 引き寄せる シンクロ】＋

～ 感情の【象 徴】から「心を解放」に導く ～

心と身体を調える セラピー

象徴(セルフ)セラピー
&シンボルミラーセラピー

・・・ シンプルに ／ シンボルに ／ シンクロに ・・・

唯一無二のあなたの為 の【 オーダー・メイド・セラピー 】

カード・リーディング ＋ カウンセリング
＋ セミナー（心の高みや深みへの流れ＝心の流し方等を学ぶ）

それぞれの語るストーリーを紐解きながら、複雑にしてしまった感情をシンプルにして
「心と身体の痛みを解放」に導きます（→その後、より好いシンクロが起きやすくなります）

「誰かや何かのせいにする＆依存している こと」からの【気づき】と【解放】へ
・・・喜怒哀楽を「気が澄む」まで味わいきって、「手放していく流れ」に導いていきます・・・

宇宙の法則やエネルギーの読み方（使い方）等を、理解していただきながら
「感情クリーニング」や「潜在意識の書き換え」で、すべて を 軽やか にしていきます

「ニュートラル な 状態（＝源、素）」に還り、「本来の自分 を 取り戻して頂く」ことで
「唯一無二」の【才能 や 魅力 の 開花 & 活性化】へと 繋げて いきます

「思い通り」を 超えて、【想像以上 の 成功（成幸）と 繁栄 】に 導かれて いきます

持ちを強くして、「自力で元の気（波動）に還すこと（＝治癒力）を体験」して頂きたいと思います
自信（＝自身）を取り戻して」頂いてから、【真の 輝き】になれることを 大切 にしています

http://www.symboltherapy.com/

「象徴セルフセラピー」の本 ＝「心の辞書」みたいな本

… KamihitoeN … 【神人縁】… かみ ひと えん …

∞ 著者紹介 ∞

【 著 者 】

彩木 智都世 (さいき ちとせ)

彩り (いろどり) ＋ 生命 の 木 (せいめいのき) ＋ 智 慧 (ちえ) ＋ 都 (みやこ) ＋ 世 界 (せかい)

office. One. Five. Many ・ 代表 ／ 象徴セラピー協会 ・ 代表

直感クリエイター (デザイン、イラスト、アート、オブジェ)
開運シンボルロゴデザイン and キャラクターデザイン (アイデンティティ・デザイン)

ヒーリング・アーティスト ／ ハート・アート・リーディング & カウンセリング
各種 カード・リーディング & ヒーリング (オリジナルタロット、ルーン、マナ、クリスタル、禅、神様 etc.)
「ザ・メタ・シークレット」【 7つの法則 】カード・デザイナー & 公認シニアカードリーダー

エネルギー 職人 (エネルギーワーク 職人)
「パワー (アップ) ストーン ・ ブレスレット & リング 」デザイン ＋ 職人
あなたの いいね! コンシェルジュ (魅力 ・ 才能 の 開花 & 活性化 に 導く)

★有名企業に関わるロゴやキャラクターデザイン、イラスト、広告宣伝など、想いを込めた【シンボル】を創り、エネルギーワークも活用して、あらゆることを【右肩上がり】にしている。
★1日に何万回も思考すると言われている人間の感情の奥深さを、子どもの頃から繊細に観察＋研究し、独特な感性でその流れを紐解いてきた。心身の神秘体験も多く、左半身が動かなくなる等、心の悲鳴を身体で痛感し、心を調えて完治する奇跡をいくつも起こしてきた。海外の著名なメンターやコーチ、霊媒師やヒーラーと出会い、直に学び、独学とも融合させ、更に、ルーンやマナの智慧やタロット等のデザインの仕事から得た知識を加えて、「オリジナル・メソッド」を確立。2014年3月9日に【象徴セラピー協会】を立ち上げている。
★経験や知識(様々な心理学、レイキや宇宙の法則等)を統合したメソッドで、潜在意識やエネルギーに働きかけ、直感や創造性を高め続けている。「意識を変容させて成功(幸)と繁栄に導く」メソッドを活かした「唯一無二のパワーストーン作品」もオーダー創作&販売している。

★ 神人縁 PREMIUM ★ 特典 ★

～【神人縁「陰陽」カード】の「表裏一体」メッセージ～

16枚の「紙一重カード」をシャッフルして(＝手できって)
一番上と一番下のカードの組み合わせで紐解ける【神託メッセージ】

神人縁「ひめくり一言メッセージ」↓ページ↓

「おみくじ」や「ことわざ」のようなものだとお考え下さい。

プリントアウトしても、ご活用いただけるページです。

日々瞬時、切り替えて、安心へと繋がる【シンプルな金言達】
この一言に「教えられる」＋「救われる」＋「導かれる」

今、「いらいら」「どきどき」「もやもや」「そわそわ」「くよくよ」していませんか？

今すぐ、「解放のヒント」をみつけて、【脱出】や【突破】、【新しい流れ】にしませんか？


「気になることを落ち着かせて、すっきりさせたい」

「解らないと思い込んでいることを、知りたい」

「うっかり油断しないように、気をつけたい」

「潔く決断して、前に進む覚悟をしたい」

「エネルギーの注ぎかたを意識してみたい」

「無理や我慢をしたくない」

「遠慮のいらない関わりにしたい」

「思いに責任を持って行動したい」

「妥協しない人生にしたい」


瞬発的に、簡単に、分かりやすく、その「応え」や「気づき」がほしくなると思います。

習慣的に、この【神託メッセージ】を受け取ることで、さらに幸先へと進みやすくなるでしょう。

「直感」や「創造性」を鍛えて、「豊かさの具現化」をし続けて、【進化と変容】をお楽しみください。

「心の辞書」みたいな本

神人縁

――かみひとえん――PREMIUM

2018年5月12日 第一版 第一刷

著　者　彩木 智都世［さいきちとせ］

発行人　松﨑 義行［マツザキ ヨシユキ］

発　行　ポエムピース
〒166−0003 東京都杉並区高円寺南4−26−5 YSビル3F TEL. 03.5913.9172

装幀・デザイン・イラスト　chitose … office.One.Five.Many …

印刷・製本　株式会社 上野印刷所

落丁・乱丁本は弊社宛にお送りください。送料弊社負担でお取り替え致します。